福井栄一

十二支妖異譚

神様になれなかった動物たち

工作舎

金中斎
「十二支大通話」(1782)より

はじめに

仏魔一如《ぶつまいちにょ》が人間だけに当てはまると考えるのは、早計である。子、丑、寅……と小児にさえ親しまれている十二支の生きものたちも、いつも無垢で愛らしいとは限らない。たまさかに、妖しく不気味な貌《かお》を見せる。

本書では、その刹那を鮮やかに切り取った話ばかりを集めた。怖いことは、往々にして愉しい。

本書の通読が、その好例とならんことを。

上方文化評論家　福井栄一

目次

卯《う》

兎の章

辰《たつ》

龍の章

巳《み》

蛇の章

午《うま》

馬の章

未《ひつじ》

羊の章

申《さる》

猿の章

酉《とり》

鳥の章

戌《いぬ》

犬の章

亥《い》

猪の章

鼠の章

子《ね》

平住専庵
「唐土訓蒙図彙」（1802）より
〈甲子神将名王文卿〉

◎**鼠、指を噛む**――「**新著聞集**」**巻第四**

江戸小石川伝通院《でんつういん》の僧が、若い頃、鼠を追い回し、挙句、右手で握り潰して殺してしまったことがあった。

断末魔の鼠は、最後の力を振り絞って、僧の指に噛みついてから息絶えた。

噛み傷は、しばらくすると、癒《い》えたには癒えた。

しかし、数十年経った今でも、毎夜七つ時になると、僧の指の古傷はしくしくと痛み出した。

例の鼠が息絶えた時刻なのだろう。

まことに恐ろしき妄念である。

◎**頼豪鼠のこと**――「**太平記**」**巻第十五**

白河天皇の御代、大江匡房《おおえのまさふさ》の兄、三井寺の頼豪《らいごう》という傑僧《けっそう》が召し出され、皇子《みこ》誕生の祈祷を命じられた。

そこで、頼豪が身命を賭《と》して祈り上げたところ、その効験が現れて、承保元年(1074)十二月十六日に皇子(敦文親王《あつふみ》)が誕生した。

狂喜した帝は、

「伊勢参宮名所図会」より〈頼豪〉

「褒美をとらすぞ。望むものをなんなりと申してみよ」

と、頼豪に訊ねた。頼豪は、己の官位や俸禄《ほうろく》にはいささかも言及せず、

「それがしの宿願なれば、三井寺戒壇《かいだん》造営のお許しを賜りたく、伏してお願い申し上げます る」と奏上し、帝は応諾した。

これを聞いた延暦寺勢は、早速、訴状を以て再考を願い出た。

しかし、

「天皇に二言なし」

であるから、帝自身が前言を取り消すわけにはいかない。

延暦寺側は激昂し、抗議の意思表示として、諸堂、諸院での祈祷一切を取り止め、日吉山王《ひよしさんのう》の諸堂の扉も固く閉ざしてしまった。

これには朝廷の公卿たちも困り果て、結局、勅許は反故《ほご》にされてしまった。

頼豪は怒り狂い、百日もの間、髪を剃らず、爪を切らず、護摩壇の煙にいぶされて、瞋恚《しんい》の焔に骨身を焼いた。

果ては、

「かくなる上は、我は大魔縁《だいまえん》(大悪魔)へ変じ、帝を苦悶に至らしめ、延暦寺の仏法を滅ぼさん」

と呪願《じゅがん》を立て、二十一日の満願の日に壇上で息絶えた。

すると、かつて頼豪の祈祷によってこの世に生を享けた皇子が、いまだ母親の膝元から離れぬ齢で、たちまち亡くなってしまった。わずか四歳であった。

悲嘆に暮れる帝であったが、

「皇統を脅かす頼豪の怨霊を、このままには捨ておけぬ」

との思いから、また、延暦寺に名誉挽回の機会を与える意味もあって、座主良信《りょうしん》大僧正を請じて、新しい皇子の誕生を祈願させた。

やがて、承暦三年(1079)七月九日、次なる皇子が無事、誕生した。

延暦寺の護持僧の通力が強かったので、頼豪の怨霊もさすがに手出しが出来なかったとみえて、皇子は順調に成長して、とうとう皇位に就いた。後の堀河院である。

さて、その後、頼豪の怨霊は、鉄の牙と石の身体を具えた八万四千匹の悪鼠と化して比叡山へ攻め登り、延暦寺の諸像や経巻をことごとく食い荒らした。

延暦寺側には、これを防ぎ調伏する術《すべ》がなかった。

そこでやむなく、一祠を造り、頼豪を神霊として祀って、怨霊の祟りを鎮めた。

今日、鼠の祠《ほこら》と呼ばれているのが、それである。

◎鼠の巣――「平家物語」巻第五

平清盛が大勢の舎人たちに朝夕世話をさせ、ことのほか可愛がっていた馬の尾に、一夜にして鼠が巣を作り、子を生むという椿事があった。

これは只事ではないというので、七名の陰陽師に占わせたところ、厳重なる物忌みが必要とのことであった。

この馬は、相模国に住む大庭三郎景親《おおばのさぶろうかげちか》が、関東八か国で随一の名馬であるとして、清盛へ献上したものである。黒い馬で、額だけが白く、ために望月と名づけられた。望月は、陰陽頭、安倍泰親《あべのやすちか》へ下しおかれた。

ちなみに、天智帝の御代においても、今回と同じように、一夜にして鼠が馬の尾に巣を作り子をなしたことがあったが、その折には異国の凶賊どもが蜂起したと、「日本紀」は記している。

◎大国主命と鼠――「古事記」上つ巻

大国主命《おおくにぬしのみこと》は、根の堅州国《かたす》で姫と出逢って、これを娶った。

すると、姫の父、須佐男命《すさのおのみこと》から、蛇のいる室《むろ》で一夜を明すように申し渡された。

姫が、予め《あらかじ》、

「もしも蛇に喰われそうになったら、これを三回振って、打ち払いなさい」

と言って領巾《ひれ》を託してくれていたので、室の中の大国主命が言われた通りにすると、蛇どもはおとなしくなり、御蔭《おかげ》で無事に朝を迎えることが出来た。

翌晩は、蜈蚣《むかで》と蜂の室へ入れられたが、姫がまた領巾をくれたので、同じようにして、危難を乗り切った。

また、広い野原へ射込まれた鏑矢《かぶらや》を、命じられるがままに取りに行くと、周りに火をかけられたこともあった。

脱出する術《すべ》が見つからず難儀していると、鼠が現われて言った。

「内《うち》はほらほら、外《そと》はすぶすぶ」

これを聞いた大国主命がはっと心づき、足下の地面を力強く踏みしめた。

すると、地中の洞《ほら》へと落ち込んで、頭上の炎をやり過ごすことが出来た。

例の鏑矢は、その鼠が咥《くわ》えて持って来てくれた。但《ただ》し、矢の羽は、鼠の子がすっかり食べてしまっていた。

◎ **黒島鼠――**「**諸国里人談**」**巻之五**

黒島は、伊予国の沖合約一里のところに浮かぶ。

かつて、磯近くの海面が黒光りするのを、地元の漁師が見つけた。

「魚の大群に違いない」

と喜んだ漁師がさっそく網を入れて引き上げると、魚ではなく、鼠の群れであった。網から出た鼠たちは、岸から方々へ散り散りに逃げ去って行った。

これ以降、島は殖えた鼠で溢れかえり、田畑の作物は皆、喰われてしまう。それ故、この島の耕作は絶えてしまった。

◎ **呑んだものは何か――**「**耳嚢**」**巻之七**

文化三年(1806)の夏のある日。男が小僧に足腰を揉ませながら昼寝をしていた。

やがて、夢うつつのうちに、己の魂が口から外へ迷い出そうになったので、慌てて掴《つか》んで口中へ押し込んだが、喉のあたりでもがき動いて、ひどく苦しい。そこで、たまらず起き上がって助けを求めると、下女が急ぎ湯茶を運んできてくれたので、むさぼるように飲み下した。

おかげで、ようやく喉のつかえがとれ、一段落ついた。

「諸国里人談」より
〈黒島鼠〉（下）
上は〈宗語狐〉

騒ぎを聞きつけた妻女が駆けよって来て、

「いかがなされました?」

と訊ねるので、男は夢の次第を語って聞かせた。

そして、

「わしが苦しんでいたのに、そばにいた小僧は、いったい何をしておったのだ」

と怒り心頭であった。

次の間《ま》で泣きじゃくっていた小僧に訊いてみると、小僧が言うには、

「足腰をお揉みするうち、旦那様はウトウト寝入られたようでした。そこで、知人から貰って、ずっと可愛がっております二十日鼠を懐から取り出し、そこらで遊ばせていたのです。ところが、その鼠が旦那様の枕元の辺《あた》りまでちょろちょろ走って行った途端、旦那様がぐいと掴んで、無慈悲にも呑んでしまわれたのです」

◎鼠の祝言——「狗張子」巻七之五

応仁年間(1427~1469)のこと。都の四条辺《あたり》に住んでいた豪商、徳田某は、賀茂の在所近くの常盤《ときわ》の古御所を、山荘として買い取った。

古御所は長らく無人で、軒が傾き垣も崩れてひどい有り様だったが、徳田の命で綺麗に修繕され、豪壮な屋敷へ生まれ変わっていた。山名、細川両家による都の戦禍を避けるため、徳田はここへ移り住んだ。

転宅の賀宴《がえん》には、沢山の親族係累が詰めかけた。酒宴は殊《こと》のほか盛大で、賑やかな歌舞が途切れることがなかった。日が落ちるころには、徳田も客たちもすっかり酔いつぶれ、前後不覚となり、その場で寝入ってしまった。

さて、真夜中になると、屋敷の外が騒がしくなった。どこからか大勢の人間が押し寄せてきたような気配だった。そして、表の門を叩く音がする。

徳田が起き上がリ、怪しみながら応対に出ると、衣冠《いかん》姿で麗しき髭の男が立っていた。どうやら、一行の露払いらしい。男は主人の口上を述べた。

「我は、この屋敷の旧《もと》の主《あるじ》である。今宵、我が息子が新婦《よめ》を迎えるにあたり、婚礼の儀を執り行おうと思うのだが、我がいま住む処は、如何《いかん》せん狭隘で、また美麗とも言い難い。就いては、今宵一夜に限って、当屋敷を借り受けたい。儀式が済む夜明けには、早々に立ち去るゆえ、なにとぞよしなにお願い申し上げる」

口上が済むやいなや、大勢がどやどやと屋敷内へなだれ込んで来た。

まずは、大小百余りの提灯《ちょうちん》行列。それに、飾り立てられた輿、数々の乗り物が続いた。お供の女房たちが笑いさざめきながら通り過ぎたかと思うと、六十有歳と思しき老侍が馬に乗ってやって来た。徒《かち》の侍六、七十名がその前後を護衛していた。

それから、美しく塗り磨き上げられた長持や挟箱《はさみばこ》、屏風や貝桶などの調度類などが続々運び込まれたと見えるや、屋敷は貴賤の男女二、三百人で溢れかえり、珍膳美酒の大祝宴が始まった。徳田とその客たちも勧められるがまま、彼らとともに、酔い、歌い、舞い踊った。

肝心の新婦はといえば、まだ十四、五歳の、可憐でほっそりした色白の美少女だった。お付きの美しい女房たちも揃って上機嫌で、戯れに新婦の手をとり、

「今宵こそは、無理にでもお飲み頂かないと……」

と大きな杯で酒を勧めた。

ところが、新婦はむずがり、あちこちへ逃げ隠れする。これを面白がって、女房たちが追いかけ騒ぐうち、一陣の烈風が吹き来たりて、座敷の燈火を一つ残らず吹き消してしまった。

驚いた徳田たちは、慌てて火を灯しなおした。

すると、どうだろう。

座敷には自分たちの他、誰もいない。ようやく夜が明けてきたので、陽光の下で目を凝らす

〈鼠の祝言〉「狗張子」より

と、昨夜、あれほど大騒ぎして運び込まれた調度類は、影も形もなかった。

ただ、その代わりに、徳田がかねて秘蔵していた茶器、家具、雑器の類が辺りに散乱していた。どれも、ことごとく喰い割られ、砕かれていた。

よくよく調べてみると、無傷の物が一品だけあった。

それは床の間の古い一軸で、牡丹の花の下でまどろむ猫の図であった。

この怪異に怯えた主人が、村井澄玄《ちょうげん》なる高名な老儒に相談を持ちかけると、村井は、

「それは老鼠《ろうそ》の仕業でありましょう。昔から『物、天を畏《おそ》る』と申します。己の気と相容れないものに畏服するのが、万物の常なのです。鼠は猫を怖れるものゆえ、軸の画といえどもこれに怯え、喰い残したに違いありません。

それにつけても、老鼠の跳梁をこのままにしておくのは、感心しませんな」

と言い、徳田に鼠狩りを勧めた。

徳田たちは、老儒が教えてくれた場所へ赴いた。それは屋敷から一町ほど東へ行った処で、石の小山があった。その下には穴があった。

穴には、老鼠がたくさん巣食っていた。徳田たちはそれを一匹残らず捕えて殺し、穴もろとも埋めてしまった。

それ以後、怪事は止んだ。

◎赤子《あかご》を引く鼠——「東海道四谷怪談」二幕目

〈お岩が赤子を遺して非業の最期を遂げたとは知らず、夫の民谷伊右衛門《たみやいえもん》が外出先から戻って来た場面〉

伊右衛門「それにしても、誰をお岩の間男《まおとこ》に仕立て上げようか……。ウム、そうだ、はまり役が居るぞ。中間《ちゅうげん》の小平《こへい》だ。お岩があやつと間男したと責め立てて二人をこの家から叩き出し、入れ替わりに今夜中にお梅をここへ……。こりゃぁ、よい思案だわい」

（と門口へ来たり）

伊右衛門「お岩、どこに居る、おい、お岩」

（と呼び立てる。この時、足許で赤子が泣く。びっくりして飛び退き）

伊右衛門「コリャア、どうだ。餓鬼をこんな道端へ……。すんでのところで、踏み殺すところだ。おい、岩、岩」

（と呼ぶ。すると大きな鼠が現れて、赤子の着ぐるみの端を咥えて、引く。その後は、また次、また次と、新たな鼠が続々と現れては、己の前にいる鼠の尾を咥えて、連なる。そして、皆で後ずさりする。それにつれて、赤子が着ぐるみごと、ずるずると連れて行かれそうになる。伊右衛門それを見つけて）

伊右衛門「ヤヤ、コリャ、鼠が餓鬼を。エエイ、とんだ畜生どもめ。シイッ、シイッ」

（と追い散らし）

伊右衛門「己の餓鬼が鼠に引かれるのも頓着せず、一体、どこに居る。おい、お岩」

（と、赤子を抱えて探し回り、とうとうお岩の死骸を見つけて）

伊右衛門「ヤヤ、これはお岩の死骸ぞ。喉に突き立っているのは、確か小平の刀。そんなら奴が殺したか……」

◎鼠の報恩――「新著聞集」巻二

寛文六年（1666）のこと。

江戸新両替町四丁目の香具屋九郎左衛門宅では、鼠が増えて困ったため、主人は奉公人に桝落としを仕掛けさせ、

「かかった鼠は、早々に殺してしまえ」

と命じた。

男は主命に従おうとしたが、鼠が何やら哀れだったので、殺さずにそっと逃がしてやった。

その夜、くだんの男は、夢を見た。

小童《しょうどう》が現れて、

「あなた様は命の恩人です。お礼かたがた、まずは一献」

と、酒を勧める。飲み干すと、今度は、

「これを肴に……」

と奨められた。見れば、金魚である。

「ええい、ままよ」

と口へ入れたところで、はっと目が覚めた。

と同時に、口中に何やら入っている。

慌てて吐き出してみると、一分金であった。

この一件以降、九郎左衛門宅では、鼠を殺さなくなったという。

◎麝香鼠(一)――「翁草」巻之四十八

肥前長崎には、麝香鼠《じゃこう》が棲む。普通の鼠よりも小さく、口吻が突き出て尖っている。庭石の下あたりに潜んでいて、食べ物を盗む。麝香鼠はひどく臭いので、猫は見向きもしないし、人間も毛嫌いする。そのにおいは麝香には程遠いが、霊猫を麝香猫と呼ぶのになぞらえて、こう名付けられたか。

◎麝香鼠（二）――「西遊記」巻之三

鹿児島城下には、麝香鼠が棲む。水屋《みずや》近くや床下などに棲み、糞《ふん》はひどく臭いが、麝香の匂いに似ていなくもない。通常の鼠にもまして食物を貪り、器物を齧《かじ》り損なう。膳、椀、飯櫃などにひとたびこの鼠が入り込むと、臭いがしみつき、どれだけ洗っても消えない。また、近くに出没すると、悪臭がして堪えがたい。

鳴き声は至極大きく、どこか雀の声を思わせる。それ故、『中山伝信録《ちゅうざんでんしんろく》』（中国の徐葆光《じょほこう》が琉球を見聞して著した地誌。一七二一年成立）には、「琉球の鼠は雀の声あり」と記されている。麝香鼠は琉球の船に乗ってこの地へ伝来し、今では城下一帯に無数にいるという。

なお、長崎にも麝香鼠が沢山いるが、これらは唐船に乗って来たのが殖えたもの。ただし、鹿児島ほど多くない。いずれにせよ、この二地以外では、まず見られない鼠である。

◎窮鼠猫を噛む ――「翁草」巻之五十六

宝暦（1751〜1764）の初めごろのこと。

某氏の家では、灯していたはずの燈火が毎夜のように消える。不審に思った家人がこっそり見張っていると、真夜中に大きな古鼠が現れて、行燈の油をねぶっていた。燈火が消えるのは、そのせいだった。

そこで、近所から飼い猫を借りてきて、例の古鼠が油をねぶっている最中を見計《みはか》らって、けしかけてみた。

猫は、古鼠を見据えて狙いすます。古鼠もまた猫をじっと睨む。しばらくして、猫がぱっと鼠に飛び掛かると、古鼠はさっと飛びのき、猫の喉笛に喰らいついて殺してしまった。「窮鼠《きゅうそ》猫を噛む」のことば通りであった。

驚いたのは、家人である。これは一大事とばかりに方々手を尽くし、ようやくのことで屈強な猫を捜し出してきて、古鼠に挑ませてみた。

さて、いよいよ対決である。

猫と古鼠は、久しく睨み合いを続けた。猫は依然として鼠に飛び掛からない。鼠が堪えきれなくなって、自分から挑みかかったところを、猫は何の苦も無く引き咥《くわ》え、噛み殺してしまった。ちなみに、碁をたしなむ人に言わせれば、勝負は障子に射す陽光の如《ごと》しということらしい。世界中を遍《あまね》く照らす陽光と薄い障子紙一枚との勝負だから、陽光がなんなく紙を突き通しそうなものなのだが、そうはいかない。陽光は障子を照らすことは出来るが突き破ることは敵わず、両者の根競べは昼夜続く。

ところが、そのうち、薄い障子紙のことゆえ、何かの拍子にどこかが破れることがある。すると間髪を入れずに、その破れ目から、陽光が部屋の中へ射し込むのだ。

大したことはないと思われる敵でも、こちらから一方的に力で押しまくって勝つのは、容易なことではない。ただ、敵はいつかみずから破綻をきたし、隙をみせる。そこを逃さず攻めるのが勝負の要諦《ようてい》なのだろう。

二匹目の猫の勝因も、そこにあった。

◎空飛ぶ鼠――「十訓抄」第六

ある人が、友人に、

「太刀を送ってやる」

と約束しながら、ちっとも送ってこない。

「昔、中国の季札《きさつ》は、自分の刀を欲しがっていた生前の徐君《じょくん》への信義を守り、故人の墓へ約束の刀を懸け置いた」という故事を思い出しながら、友人は、こう詠んだ。

なきあとに　かけける太刀も　あるものを　さやつかの間《ま》に　忘れ果つべき

〈故人の墓に懸け置いた太刀もあったのに、そのようなつかの間に〈送るのを〉忘れてしまうことがあるものだろうか〉

ちなみに、白楽天は、こう書き残している。

一鼠得仙生羽翼（一匹の鼠が仙術を会得して羽根を生やした）
衆鼠看之有羨色（多くの鼠たちはそれを見て大いに羨んだ）
可憐上天猶未半（けれども、まだ空の半分しか登っていないのに）
勿作烏鳶口中食（たちまち烏《からす》や鳶《とび》に喰われてしまった）

他人を羨むのも、考えものである。

◎**鼠の島――「西遊記」続篇巻之三**

肥後と天草の間の海中に、小さな島が浮かぶ。

ここには、どういうわけか、昔からおびただしい数の鼠が棲んでいる。ちっぽけな島なので無人であり、居るのは鼠だけである。

そのためか、この島の近くの海を通る時、船上で三味線を奏することを船頭はきつく戒める。万一、誰かが三味線を弾くと、必ずや大浪や暴風に襲われて、船が沈みかねないのだという。三味線の胴に張ってあるのは猫の皮だから、島の鼠がこれを忌んで、海が荒れるのであろう。

ただ、近頃ごろ都で流行る安物の三味線は、猫ではなく狗《いぬ》の皮を張っている。島の鼠は、そうした最近の世事には疎《うと》いらしい。

◎白鼠のこと――「注好選」下巻

鼠は百歳を過ぎると体が白くなり始め、齢三百に至ると、全《まった》き白鼠となる。

白鼠は通力を具え、一年以内の吉凶を識り、遠く離れた土地の出来事も、すべてお見通しである。

「道成寺」を「俄」で演ずる鼠。
「俄」は大坂で流行した即興劇
（江戸期子ども絵本（「ねずみ俄」））

「玉乗りねずみ」
宮島張り子／広島県

牛の章

丑《うし》

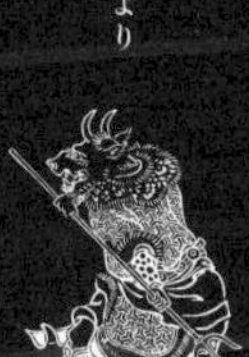

平住専庵
「唐土訓蒙図彙」(1802)より
〈丁丑神将名趙子玉〉

◎牛へ化《げ》する女――「日本霊異記」下巻第二十六話

強欲で知られた田中真人広虫女《たなかまひとひろむしめ》が、死んだ。

遺骸は七日の間、焼かずに置かれ、坊主たち三十二人が招じ集められて、九日間にわたる追善供養が始められた。

ところが、七日目の夕方、突然、棺の蓋がひとりでに開いた。広虫女が蘇ったのに違いない。棺からは異様な臭気が洩れてくる。人々は悪臭に顔をしかめながら、中を覗いてみた。

そこにいたものは、かつては広虫女だったのだろう。腰から上はすでに牛へ変じ、額には四寸くらいの角が生え出していた。二本の腕は牛の脚に変わり、先は裂けて爪が割れ、さながら蹄のようだった。腰から下は、まだ人間のままだった。

試しに米飯を勧めてみたが、嫌がって口にせず、代わりに草を喰った。喰い終わって呑み込んだかと思うと、再び口まで戻して、しばらくもぐもぐと噛み続けた。

棺から出ても着衣せず、ずっと裸のままだった。おまけに、己が地上にした糞の上に平気で臥《ふ》した。

噂を聞きつけ、大勢の人たちが見物につめかけた。

◎牛の生皮――「西遊記」巻之一

鹿児島に逗留した折、変わった罪人の話を聞いた。

この男は田舎の百姓で、愚かな上に欲深かった。

どこで誰に吹きこまれたのか、牛の生皮は大層な金《かね》になると信じこみ、友人ともども、生きながらにして牛の皮をはぎ取った。牛の悶え苦しみようは、想像にあまりある。

二人はその皮を早速売りに出したが、実際には格別値打ちがあるものでもないので、買い手が見つからなかった。

このことを村役人が聞き及び、

「けしからぬ性根の者どもである」

と城下へ訴え、果ては城主の耳にも達してその怒りをかい、両人は獄屋へ放り込まれて、挙句、処罰された。

そもそも、世間の人々は「生」の字の意味を取り違えているようで、狐、狸、犬、鼠、そして甚だしきは人間の生き胆を、妙薬と有難がる。それ故、生きた禽獣の腹を割き、嬉々としてその生き胆を窃取する悪人が出て来る。誠に愚かなことであるし、情けない限りだ。

「生」とは「干からびていない」という意味である。

◎牛飼の知恵――「篠舎漫筆」巻之九

京の東洞院辺《ひがしのとういんあた》りで車を曳いていた牛が、大路にて、衣擦《きぬず》れの音もさやさやと麗しき三十歳くらいの女と行き会った。

牛は、女をきっと見つめて動かない。

その途端、見つめられた女も、足がすくんで、その場から動けなくなった。

すると、牛飼は心得たもので、女に請うて、たふさぎ（短い下袴《したばかま》）を外してもらい、牛の目の上にふわりとかけた。

これにより、牛は何事もなかったかのように歩み始めた。

女も足が進むようになって、家へ帰った。

が、しばらくして頓死したという。

◎霊牛のこと――「古事談」巻第五

万寿二年（1025）五月の関寺（滋賀県）の堂舎復興にあたっては、用材を曳くのに多くの牛が使役されていたのだが、その中に、迦葉仏《かしょうぶつ》（釈迦仏登場以前の仏の一）の生まれ変わりと噂される牛がいた。大津の住人の多くに、そうした夢告があったというのである。

これが評判となり、貴賤上下をあげて多くの人々が関寺へ赴き、その牛を伏し拝んだ。

ところが、この牛は五月下旬には病気になり、六月二日には、入滅の時期が近付いたのか、しばしば危篤に陥った。

そのうち、牛はよろよろと立ち上がり、牛屋を出てそろそろと進み、御堂の周囲を二回りした。人々はこれを見て、涙した。

やがて、牛は仏前に臥《ふ》した。寺僧たちは読経した。

すると、牛はいま一度、起き上がり、介助されながら御堂の周りをひと回りすると、また元の場所へ戻って来た。そして、ほどなく入滅したという。

◎罪作りな蒲団――「今昔物語集」巻第十四第三十七

今は昔、大和国添上郡山村里《そえのかみぐんやまむらのさと》に住む男があった。

十二月ごろ、

「方広経《ほうごうきょう》を僧に転読してもらい、前世の罪障を懺悔しよう」

と思い立ち、下人に命じて僧を請じて歓待し、屋敷へ泊めた。法会は明朝の予定である。

その夜。

僧は、屋敷の主人が用意してくれた豪奢《ごうしゃ》な蒲団にくるまって眠ろうとしたが、悪心が頭をもたげて、どうしても寝つけない。

とうとう、

「明日の法会のあとの布施も楽しみといえば楽しみだが、何よりこの蒲団が値打ち物だ。売れば相当な金になろう。布施は諦《あきら》め、この蒲団を頂戴して、今宵の内にこの屋敷から逃げ出そう」

と肚《はら》を決め、家人の隙を窺い、蒲団の持ち逃げにかかった。

とその途端、

「盗みはおやめなさい」

という声がした。

「さては見つかったか」

と首をすくめ、声のした方を見たが、誰もいない。牛が一頭、繋がれているだけだった。

それでも、謎の声のせいで何やら怖くなって、そのまま寝所に留まり、眠りに就いた。

夢の中で、僧は例の牛に近づいた。牛が言うには、

「実は私は、この家の主人の父親です。前世では、人のためとはいいながら、我が子の稲十束《たば》を無断で恵んでしまいました。その報いで、今は牛の身なのです。嘘だと思われるなら、明朝、

私がどう振る舞うか、とくとご覧下さい。

それにつけても、盗みはいけない。まして、前世の私の如き俗人と違って、あなたは出家の身。蒲団を持ち逃げするなど、もってのほかです」

そこではっと目が覚めた。

僧は慚愧《ざんき》し、密かに主人を請じて、夢の話を聴かせた。

主人は、蒲団の件もそこそこに、牛の前世を聞き知ると、大いに涙した。

そして、藁《わら》座を設け、牛に向かって、

「あなたが本当に父上ならば、どうぞここへ」

と呼びかけると、牛は膝を折って、迷うことなくそこへ座った。

主人は、

「父上とは存じ上げず、長年にわたってこき使ってしまい、申し訳ございません。また、稲束のことは一向に構いませんから、どうかお気になさらず……」

と言って、号泣した。

牛は静かにこの言を聞いていた。そして、その日の夕方に、落涙しながら死んだ。

主人は、例の蒲団や種々の品物を僧へ献じて、父親のための法要を営んでもらった。

◎鬼同丸の待ち伏せ――「古今著聞集」巻第九

源頼光《みなもとのよりみつ》という武将が弟の屋敷を訪れると、庭先に一人の男が縛《いまし》められていた。

「あれは何者だ?」と問うと、弟は、

「あれこそ、悪名高き盗賊、鬼同丸《きどうまる》だ」と言う。

すると、頼光は驚き、

「相手は鬼同丸だ。あのようにぞんざいな縛り方では、いつ逃げられても不思議ではないぞ」

と叱って、あらためて厳重に縛り上げさせた。

これを恨《うら》んだ鬼同丸は、その夜、屋敷の者たちが寝静まった時分を見計らって、持ち前の怪力で縄を引き切り、頼光の部屋の天井裏まで忍んで行った。酔いつぶれた頼光の命を奪う肚《はら》であった。

ところが、頼光はその気配を察すると、聞こえよがしに、

「今宵は天井裏で妙な物音がするわい」

と声を上げて鬼同丸の機先を制し、家来を呼び集めて、

「明朝は鞍馬で牛追物《うしおうもの》を致す。今宵のうちに出立する故、ただちに準備をせい」

と命じた。

出鼻をくじかれた鬼同丸はその夜の襲撃を諦め、鞍馬へ向かう頼光を待ち伏せするべく、市原野《いちはらの》へ急行した。

さて、翌朝。

頼光が、家臣たちを引き連れて現れた。

「なかなかによい野じゃ。皆の者、存分に追うがよい」

という主人の言葉を受けて、家臣たちはめいめいに牛を追ったが、どうした訳か、渡辺綱《わたなべのつな》という家来だけは、野を駆ける牛たちには目もくれず、路傍に転がる牛の死骸に向けて、しきりに射掛けるのだった。

他の者は不審がったが、そうこうするうち、例の牛の死骸がゆさゆさ揺れたかと思うと、腹の中から鬼同丸が飛び出して、刀を振り上げて頼光に襲いかかった。昨夜のうちに大牛を殺して腹を裂き、その中に潜んでいたのである。

頼光は慌てず騒がず、すらりと太刀を抜くと、迫り来る鬼同丸の首を刎ねた。

すると、斬られた首は飛んで、頼光の馬の革紐に喰らいつき、首なしの胴体はすぐには倒れず、頼光めがけて突進してきたという。凄まじい最期であった。

やがて頼光一行は、何事もなかったように屋敷へ戻って行った。

◎母牛の怨み――「玉櫛笥」第六巻

山中幸盛《やまなかよしもり》が伯耆国末石《ほうきのくにすえいし》で籠城し、吉川元長《きっかわもとなが》が三万余騎を率いてこれを攻め寄せていた頃。

吉川の軍中に今田源右衛門という者がいた。

諸軍にやや遅れて進むうち、疲れが嵩じてきたので、ある山際《やまぎわ》の茂みでしばし休息していた。

そこへ屠畜人が牝牛を曳き連れて現れた。どうやらこの辺りで屠殺するつもりらしい。見れば、その牝牛には一頭の仔牛が乳を飲みながら付き従っている。

やがて屠畜人が刀を取り出したので、

「いよいよだ」

と思って源右衛門は注視していたが、屠畜人は何か用事でも思い出したのか、刀を脇へ置き、一旦その場を離れた。

すると、その隙に仔牛が刀を咥え、木陰まで走り行くと、泥溝の中へ刀を落とし、足で泥土をかけて蔽い隠した。そして、素早く戻って来て、何食わぬ顔で乳を飲み続けた。

しばらくして、屠畜人が戻って来たが、置いておいたはずの刀がない。そこらじゅうを歩き回って懸命に捜すが、いっこうに見つからない。一部始終を見ていた源右衛門は屠畜人を呼び止め、仔牛の所業を語り、刀の在処を教えてやった。御蔭《おかげ》で屠畜人は無事に刀を取り戻し、牛を

「玉櫛笥」より
〈母牛の怨み〉

屠《ほふ》ると、去って行った。

その後、源右衛門は、ようやくのことで先行部隊に追き、共に城攻めをおこなったが、敵軍は思いのほか勇猛果敢で、源右衛門主従七人は撃退されたばかりか、敵将幸盛の追撃に遭って激流の川岸まで追い詰められた。そして、七人は攻め立てられるがままに次々と身を投じ、奔流に巻かれて哀れな最期を遂げた。

この顛末《てんまつ》を聞いた人々は、

「己に何の関係もない殺生の手助けをして、牛を死に追いやった報いだ」と噂したという。

◎猛牛の借主は誰――「宇治拾遺物語」巻第十第五話

河内前司《かわちのぜんじ》という者のところには、飴斑《あめまだら》の牛がいた。それをある者が借り受けて牛車に掛け、淀へ向かったところ、樋爪《ひづめ》（京都市伏見区淀樋爪町＝桂川西岸）の橋にさしかかった辺りで牛飼いが牛の扱いをしくじった。片輪が橋から外れ、牛車は見る間に橋から下へ落ちてしまったのだが、曳いていた牛は、ぐっと四肢を踏ん張って橋の上に留まった。幸い、牛車は空だったので、怪我人は出なかった。目撃した人たちは、

「ひ弱な牛だったら車ごと橋から落ちてお陀仏だったろうに、大した奴だ」

と褒めそやした。

この一件もあり、前司は以前にもましてこの牛を可愛がったが、どうしたわけか、牛は忽然といなくなってしまった。

大慌ての前司は、

「これは一大事だ。綱が解けてどこかへ迷い出てしまったか」

とうち騒ぎ、人をやってそこかしこを捜させたが、どうしても見つからなかった。

前司が、

「あれだけ立派な牛を失うとは、何としたことか」

と嘆くうち、夢枕にひとりの男が現れた。それは、前司の係累の佐大夫だった。

「佐大夫が？　確か、こいつは、主人の供で阿波国へ下る途中、海で溺れ死んだと聞いているが……」

と薄気味悪く思いつつも何の用か訊ねると、佐大夫が言うには、

「私は丑寅《うしとら》の隅に配され、日に一度、樋爪の橋まで出向いて責め苦を受けねばならぬ身です。ところが、罪障の深さゆえにこの身はいたって重く、牛車が使えません。並の牛では、重くて曳けないのです。それ故、連日、徒《かち》で行く他ありませんでした。

ところが、あなたの飴斑の牛が大層力持ちと知ってからは、それをお借りして、牛車を曳かせています。あと五日はこのままお貸し下さい。六日目の朝には必ずお返しします。ですので、それまで、牛探しはお止めなさい」

さて、この夢を見てから六日目の朝となると、例の牛がふいに戻って来た。ずいぶんきつい仕事をさせられたと見えて、苦しげに舌を垂れ、総身は汗にまみれていた。

「亡者がこの牛に目をとめ、己の車を曳かせていたとは……」

と、前司は怖気《おぞけ》を震った。

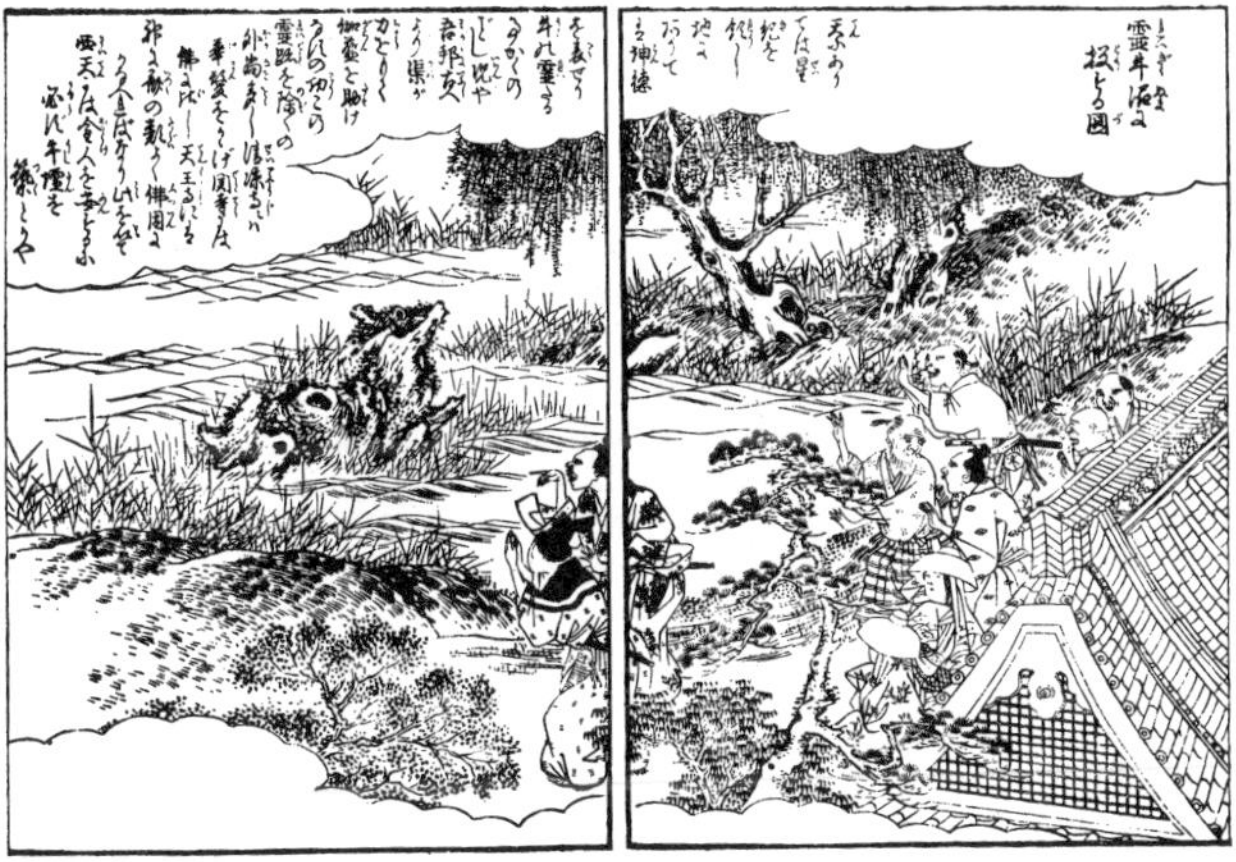

枯木に化した牛。
親鸞が下総岡田で化導《けどう》したとき、一頭の牛が寺の建立を手伝った。完成に近づく頃、牛は傍らの沼に飛び入り、一株の枯木に化した。
（『二十四輩順拝図会』）

「道明寺天満宮の牛」
大阪府

虎の章

寅《とら》

平住専庵
「唐土訓蒙図彙」（1802）より
〈甲寅神将名明文章〉

◎雪山に消えた息子――「宇治拾遺物語」巻第十二第二十話

遣唐使某は、十歳になる息子を伴って渡唐《ととう》した。

雪が高く降り積もったある日、某は家に籠っていたが、息子は外へ遊びに出た。なかなか帰って来なかったので、心配になって捜しに行くと、雪上に残った息子の足跡の後ろの方から、大きな犬のような足跡が附いており、途中からは息子の足跡が消えて、その獣の足跡だけになった。それは、山の方へ続いていた。

某は、

「息子は虎に襲われ、山へ連れ去られたのだ」

と悟り、悲しみにくれたが、勿論このままでは済まされぬと太刀を取り、足跡を辿って山中へ分け入った。

やがて、岩穴に至ったが、そこでは一匹の虎が、息子を喰い殺し、腹を舐め回して臥していた。太刀を手に走り寄ったが、逃げるそぶりを見せないので、まずは脳天を打ち割った。虎が反撃してくると、今度は背中に斬りつけると、背骨が切れたのか、虎の総身はぐにゃりと曲がって、息絶えた。

某は息子の遺骸を抱えて、帰宅した。

唐の人たちはこれを見て、

「ひとたび虎に遭ったら、逃げて帰ってくるのも難しいのに、虎を殺して息子のなきがらを取り戻して来るとは……。やはり日本は武辺の国であるな」

と誉めそやしたが、某にしてみれば、最愛の息子を死なせてしまったのだから、何を言われても、最早、詮なきことであった。

◎荒野で虎に遭う――「俊頼髄脳」

この世は、はかないものだ。

例えば、荒野を歩いていて、突然、虎に襲われた男のことを考えてみるとよい。

男は懸命に走り逃げるうち、古井戸と思しき穴を見つける。

草の蔓《つる》を命綱代わりにして穴の途中にぶら下がり、虎の追撃をなんとかかわしたつもりでいたが、ふと見下ろすと、井戸の底では大きな鰐が口を開けている。落ちてきたら、すかさず喰らいつく肚《はら》でいるのだ。鰐の目は金椀《かなまり》(金属製の碗)のようにぎらつき、口中に並ぶ牙は長く鋭く、剣のようであった。

穴の入口を見上げると、追いかけてきた虎がこれもまた、男を待ち構えている。蔓を這い上がろうものなら、すぐさま噛み殺されてしまうだろう。虎の牙の鋭利なこと、下にいる鰐にひけをとらなかった。

事ここに至って、男の頼みの綱といえば、先程からしがみついている細い草蔓だけである。

ところが……。

あろうことか、その大事な綱を、どこからか現れた白と黒の二匹の鼠が交互に齧り始めたではないか。

このままでは、蔓は早晩、噛み切られ、男は底へ落ちて鰐の餌食になってしまうだろう。かと言って、蔓をつたい上って井戸から出ようとすれば、待ち伏せている虎に喰われてしまう。この男の置かれた情況は、我々の暮らす現世さながらだ。

穴の底の鰐は、我々がやがて行き着くであろう地獄だ。また、この穴まで男を追い詰めた虎は、我々が犯してきた罪や業《ごう》である。

そして、蔓を齧り細らせる白鼠は流れ行く日々、黒鼠は過ぎ行く月々の象徴に他ならない。

◎鵺《ぬえ》退治──「平家物語」巻四

噂通り、帝の病悩の刻限になると、東三条の森の方からひとむらの黒雲が飛び来たり、御殿の上空に渦巻いた。源頼政《みなもとのよりまさ》がきっと見上げると、雲中で怪しい影が蠢《うごめ》いている。

頼政は決死の覚悟で矢をつがえ、

「南無八幡大菩薩」

と念じながら矢を放った。

矢はひょうと飛び、見事、雲中のあやかしに命中した。

何物かが地上へどうと落ちて来た。

頼政配下の井の早太《いのはやた》が駆け寄って取り押さえ、刀で続けざまに九度指し貫《ぬ》いた。怪物はようやく絶命した。

皆は、かがり火を灯して、その姿を確かめてみた。

頭は猿、胴体は狸、尾は蛇、そして手足は虎という怪物であった。

死骸は丸木を刳《く》り貫いて作った舟に乗せられ、流し捨てられた。

◎虎の爪――「譚海」巻十三

猿回しの芸人が来た折、纏頭《てんとう》（祝儀のこと）として、虎の爪で拵えた根付を投げ与えた。猿は、根付を手に取ってにおいを嗅ぐや、それを悟って驚き、走って逃げた。

◎ **虎の前世**――「**新著聞集**」**巻第十五**

大坂の北に、大運という禅僧がいた。

日ごろ可愛がっていた猫が、寛文十年（1670）九月二十二日に犬に喰い殺されてしまったので、不憫に思い、

「汝は畜生の身ゆえ成仏は難しい。しかしながら、せめて獣中の第一である虎へ転生なすべし」

と諭してから読経し、葬ってやった。

その十三年後。九月二十二日の夜、かの猫が大運の夢枕に立ち、

「おかげさまをもちまして、私は本日ただいまより、虎へ転生致しますので、取り急ぎお知らせにあがりました」

と告げたという。

◎ **虎魄**《こはく》**のこと**――「**和漢三才図会**」**巻第三十八**

「本草綱目《ほんぞうこうもく》」（明の李時珍撰の本草学書）によれば、虎は山獣の王である。形は猫に似ており、牛ほどの大きさで、黄色の地に黒い模様がある。鋸のような牙と鉤爪を持つ。髭は尖り、舌は人間の

掌ほどもあって、棘が逆さまに生えている。項《うなじ》は短く、鼻は平たい。夜に見ると、一眼は光を放ち、もう一眼は物を看ている。

虎が猟人の矢に射抜かれて死ぬと、それまで目に湛えられていた光は落ちて地中へと沈み込み、白石のように凝固する。これを虎魄《こはく》という。その虎の頭があった辺《あた》りに印をしておき、夜になってからその場所を一尺ほど掘ると、虎魄が見つかる。

人間が縊死《いし》すると魄が地へ入って留まり、そこを掘ると麩炭《けしずみ》のような形の物が出てくるというが、それと同じようなことだろう。

◎寅薬師のこと――「江戸名所図会」巻三

麹町八丁目の北の横路地、坂より上、道の左側の常仙寺《じょうせんじ》という禅刹に安置されている薬師如来を、寅薬師という。行基《ぎょうき》大士の作という。

相伝によれば、この霊像は、永禄の頃までは、三河国鳳来寺《ほうらいじ》の山麓にあった。当寺開山の祥岩存吉《しょうがんぞんきつ》禅師が同国新城に住し、いまだ俗体であった頃、この霊像が虎に化現《けげん》して、狼に害されるところを救ってくれた。

その恩に報《むく》いんとして、禅師は出家したのであった。

禅師は後に江戸へ来て、四谷塩町の明雲山龍昌寺《りゅうしょうじ》という禅刹《ぜんさつ》に住し、その頃に当寺を開いて、かの薬師仏を本尊として安置した。

◎朝鮮での虎退治——「翁草」巻之三十六

対馬から海路で五十里の朝鮮の地に、和館《わかん》という役所があった。対馬の役人が管掌していた。

ある冬の夜遅く、この和館の中にある東向寺《とうこうじ》の下人が外出先から戻り、和館の門をくぐろうとした時、背後から何者かに襲われた。強い力で仰向けに引きずり倒されかけたのを、門柱に手をかけて踏ん張り、どうにかこうにか中へ入った。調べてみると、相手に爪を立てられたらしく、身につけていた綿入れの羽織、布子、袷衣の三枚に、突き通された傷があった。また、春になり、和館内の犬数匹が次々に居なくなったので、皆は虎の仕業だろうと噂しあった。

やがて、和館の裏山で実際に虎が目撃され、大騒ぎになった。和館を差配する館守、島田左近右衛門としても、最早、座視出来なくなった。そこで、家臣たちに山中での虎狩りを命じた。

その中に、左近右衛門の若党、小出小平太がいた。大槍を携えて山頂近くの林中を捜し歩くうち、小松の深い茂みを背にして坐す大虎に出くわした。

小平太が槍を構えてにじり寄ると、虎はやや怯えた様子で横手へ歩み始めたが、麓の方に人

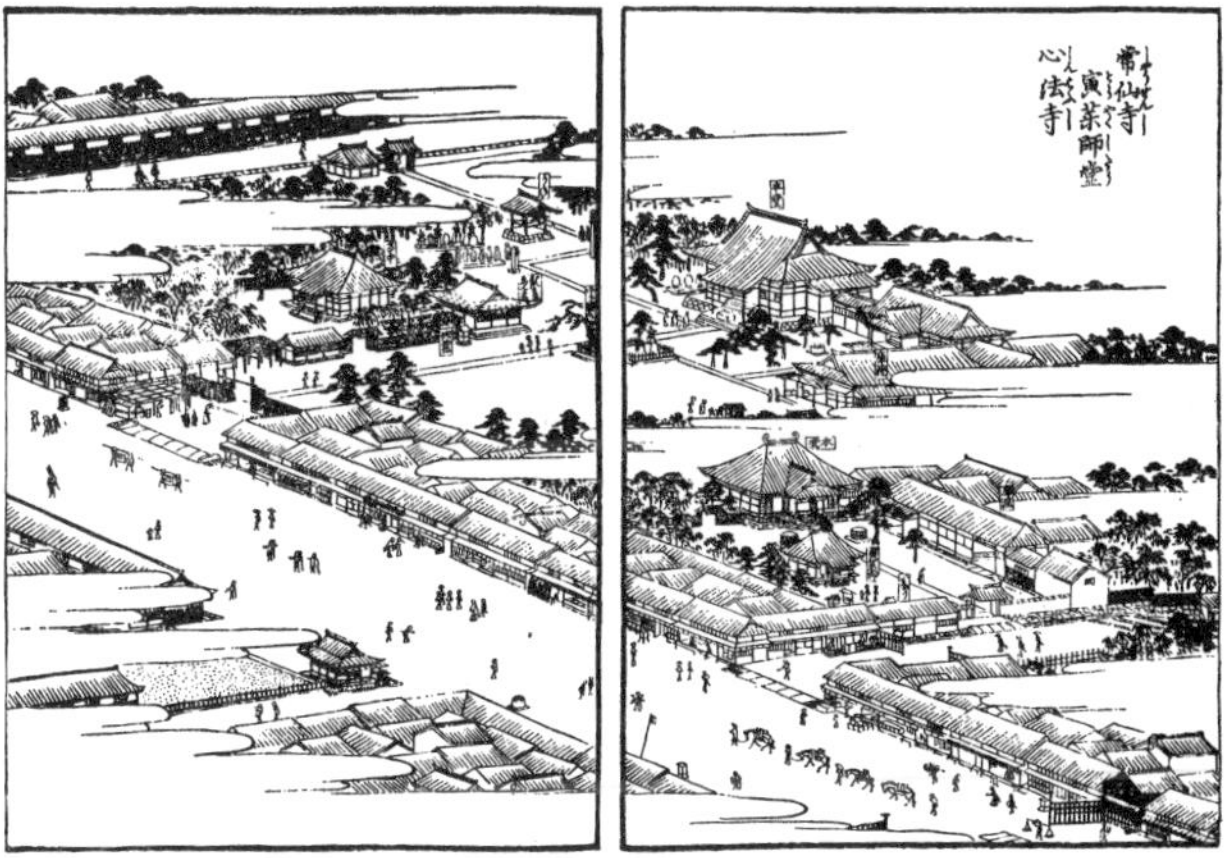

「江戸名所図会」より
〈寅薬師〉

影を見つけると、これを襲わんとして一目散に駆け下りて行った。麓にいたのは、左近右衛門の家僕、庄司折平という男だった。

「虎がそっちへ行ったぞ」

という小平太の叫び声を耳にした折平は、鉄砲を手に虎を待ち構え、狙いすまして一発撃った。弾は当たり、虎はのけぞったものの、手負いのままで折平に飛び掛かろうとした。

そこへ小平太が駆けつけ、槍で虎の肩先を数度突いたが、あいにく骨に当たってうまく突き通らず、致命傷にはならなかった。虎は一向に弱る気配を見せない。それればかりか、もうひと槍突こうとした小平太に真正面から掴《つか》みかかった。槍を取り落とした小平太の顔の間近に、猛り狂った虎の大きな口が迫った。咆哮と唾液が小平太の顔にうちかかった。小平太は恐怖にひるむことなく、腰の太刀を抜き、虎の胸に刃の根元まで突き立てた。

だが、それでも虎は死なない。刺されたのを振りきってはね返し、またも喰いつこうとしたところを、小平太は槍を取りなおし、今度は虎の左耳の脇から右耳の脇まで刺し貫いた。そして、ようやく動きが鈍くなってきたのにつけこみ、折平と二人で遂に仕留めた。

この小平太と折平の武勇を耳にして、他の者たちも奮い立った。

左近右衛門の若党、齋藤小次郎もその一人で、辺りを駆け回るうち、別の虎に遭遇した。

すぐに鉄砲を放ち、弾は虎の背に当たったが、虎は倒れず、吼えながら竹藪へ逃げ込んだ。小次郎は後を追い、藪の中でうずくまる虎に二発目を浴びせたがそれでも死なず、逃げ去った。見失ってなるものかと小次郎がなおも追いかけると、目の前の木の上に誰かが登っている。

「虎を捜して登ったのだな。ということは、あの木の向こうに虎がいるはずだ」

とあたりをつけ、虎の居場所を見定めるべく、木に登ろうと幹に足をかけた途端、近くで銃声がした。

とその時、それまで何処《どこ》に潜んでいたものか、虎が樹上から小次郎めがけて飛び掛かって来た。虎は前足の鋭い爪を小次郎の左足に突き通すと、そのまま ずるずると林の中へ引きずり込んだ。小次郎の叫び声を聞きつけ、小田又吉という者が急ぎ駆けつけて、脇差を抜いて、虎の小鼻から目の下へ向かって斬りつけたけれども、小次郎を離さない。続いて頭を数度斬ったが効き目がなかった。

そこで、又吉は思いなおし、虎の前足の先を三つに切り裂いた。すると、虎はようやくに小次郎を離したけれども、今度は又吉へ襲いかかった。そこへ甚助なる者が走り来て、山刀《やまがたな》で虎の眉間に何度も斬りつけ、又吉も脇差で突き続けた。そして、逃げ出そうとした虎の足を甚助が山刀で薙ぎ払って、やっとのことで息の根を止めた。

仕留めた二頭の虎のうち、一頭は塩漬けにされた。もう一頭は刃物疵《きず》があまりにひどかったので皮を剥ぎ取り、これに頭を添えた。二頭は船で対馬へ送られた。

なお、皮を剥いだあとの肉は、和館の者たちが皆で煮て食べたという。

◎**虎皮の中身**――**「新著聞集」巻第四**

江戸尾張町一丁目に住む男は、仔牛を買い求めると、全身を虎の皮で縫いくるんで本物の虎と偽り、堺町の見世物小屋へ出して、大当たりをとった。

出演中に啼かれると、牛だとばれてしまうので、口の部分は特に念入りに縫い込めさせた。

それ故、中の牛は餌も水も摂ることが出来ず、衰弱して数日で死んでしまう。

すると、直《す》ぐに新しい牛と入れ替えた。

こんな調子で、いままですでに五、六頭の牛が犠牲になっていた。

やがて、この男は病悩し、しまいには昼夜、牛の鳴き真似をし続けて、死んだ。

◎**白虎、現る**――**「注好選」中巻**

中国、晋代の隆安年間（397〜401）の話。

恵達《えだつ》という男が北の丘で甘草《かんぞう》（漢方薬の原料）を採取してところ、蛮人に捕らわれた。彼らは、飢えると人間の肉を喰らう。恵達は連れ去られ、柵囲いの牢へ放り込まれた。牢内には、他にも大勢の人間がいた。

蛮人たちは、よく肥えて肉の多い者から選んで、貪り喰った。

恵達と小児が残されたが、いよいよ明日、喰われる番になった。

その前夜、恵達は一心に観世音菩薩の名号を唱えた。

翌朝、恵達と小児は牢から引きずり出された。そして、二人が蛮人たちの手で今まさに屠《ほふ》られようとしたその時、一頭の白い虎が忽然と現れて、蛮人たちに襲いかかった。

蛮人たちはたまらず逃げ出し、恵達と小児は一命をとりとめた。

これ以降、恵達の観音への帰依は、ますます深くなった。

◎虎と鮫――「今昔物語集」巻第二十九第三十一

今は昔、鎮西の商人たちが商《あきな》いのために、船で新羅へ渡った。

商用が済んでの帰路、新羅の山の麓に沿って漕ぎ進むうち、岸辺の湧水が目に入ったので、近くに船を止めて下人をやり、水を汲ませていた。

さて、船に残った一人が船べりで海面を眺めるうち、映った崖の上に何かがうずくまっていることに気付いた。三、四丈もあろうかという高い崖の上に居たのは、水を汲む者たちを狙う、一匹の虎だった。

そこで、彼らに合図して呼び戻し、一同は手に手に櫂を握りしめて、大慌てで船を漕ぎ出した。その刹那、崖の上の虎が跳躍して、船の中へ躍りこもうとした。

しかし、すんでのところで船には届かず、虎は海へ落ち込んだ。

「船出があと少し遅かったら……」

と、皆は身震いした。

懸命に漕ぎ続けながら、遠ざかりつつある岸の方を見やると、先刻の虎が浮かび上がって来て、岸へ泳ぎ着いた。虎は傍《かたわ》らの大石へ上がってうずくまった。

どうやら、海中で獰猛《どうもう》な鮫に襲われたらしく、左の前足の先が食いちぎられて、血が流れ出ていた。すると、この血のにおいに吸い寄せられるように、一匹の鮫が沖の方から泳ぎ来て、岸辺の虎に襲いかかった。

虎は右の前足の爪を鮫の頭にずぶりと突き立て、浜へ投げ上げた。

鮫は、砂の上に仰向けに転がって、ばたばた暴れるほかない。

虎は素早く走り寄り、鮫の顎の下に深く噛みついてとどめを刺した。そして、その大鮫を咥えたまま、三本の足であっという間に崖を登り、姿を消した。

「虎車」
白石木地玩具／宮城県

兎の章

卯《う》

平住専庵
「唐土訓蒙図彙」（1802）より
〈丁卯神将名司馬〉

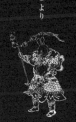

◎生皮を剥がれた兎――「日本霊異記」上巻第十六話

大和国に住む某は慈悲心と無縁の男で、生き物を殺しても平然としていた。

ある時、某は兎を捕えると生皮を剥ぎ、これを野に放った。

さて、その数日後、悪性の瘡《かさ》が全身に生じ、皮膚という皮膚はただれて腐り落ちた。某は激痛に苛《さいな》まれ、苦悶の叫び声を上げながら息絶えた。

物事の報いはすぐさま現れると知らねばならない。

◎兎の発心――「今昔物語集」巻第五第十三

今は昔、天竺《てんじく》に棲む兎、狐、猿の三匹が発心し、菩薩行《ぎょう》に邁進した。

これを知った帝釈天《たいしゃくてん》は、彼らの心根を試そうと、疲労困憊していまにも倒れそうな翁《おきな》に変じて、彼らの前に姿を現した。

そして、

「どうかお助け下されい。わしには子も家もなく、喰うものもない。聞けば、お三方は実に慈悲深い御方なのだとか。この年寄りの面倒をみてはくださらぬか」

と泣きついてみた。

三匹は、

「こうした者を救わずして、何が仏道修行か」

とすぐさま同意し、狐と猿はさっそくに翁に喰わせる食べ物の調達に出掛けた。

猿は野山の木の実や果実を取り集め、里に出ては畑の作物を失敬してきた。

狐は墓地の小屋へ行き、様々な供物を持ち帰った。

おかげで、翁は思わぬごちそうにありつくことが出来た。

兎も負けじと方々を駆け回ったが、どうした訳か、食べ物が見つからず、いつも手ぶらで帰って来た。

これを見た狐や猿、果ては翁までが、

「駄目な奴だ。役立たずめ」

と嘲笑した。

兎は考えた。

そうこうするうち、数日が過ぎた。

「畜生の身はあまりにも悲しいな。翁を救うという善事のために野山や里へ出掛けても、人間に見つかったら、無慈悲に殺されて万事休すだ。ええい、どうせ命を落とすのなら、いっそこの身は翁に喰われてしまい、畜生の境涯から脱した方がよい」

そこで、

「私はいまから食べ物を捜してきます。持ち帰ったら直ぐに焼いたり炊いたりできるように、焚火をして待っていて下さい」

と言い残して、出掛けた。否、出掛けるふりをして、一旦、その場からいなくなった。

「ずいぶん息巻いて出掛けたな。こりゃあ、今日こそ本当にごちそうを持ち帰るやも知れぬ」

と一同は期待し、言われた通り、焚火を燃やして待っていると、ほどなく兎が戻って来た。

ところが、例の如《ごと》く、手ぶらだった。

狐と猿は、

「ごちそうを持ち帰ると豪語したくせに、そのざまは何だ。何もないじゃないか。俺たちに焚火の用意をさせるために、嘘をついたのか。自分が焚火にあたって、温まりたかっただけだろ?」

と難詰《なんきつ》した。

すると、兎は、

「おっしゃる通り私には、食べ物を調達してくる甲斐性がありません。代わりにこの身を捧げますので、皆さんで存分にお召し上がり下さい」

と言うが早いか、目の前の火の中へ身を投じて、死んだ。

その刹那、翁は元の帝釈天《たいしゃくてん》の姿へ戻った。

そして、火の中へ飛び込んだ兎の形をそのまま月へ移して、地上のすべての者の目に入るようにした。いわゆる「月の兎」とは、この時の兎の姿である。また、月にかかる雲は、兎が身を焼いた時の煙である。この計《はか》らいの御蔭で、我々は月を観るたびに、くだんの兎のことを思い出すのである。

◎兎は神――「**中陵漫録**」**巻之三**

出羽国米沢某村で生まれた者は、雉子《きじ》を口にしない。誤って食べると腹痛に苦しむ羽目となる。一方、大隅国桜島の住人は、兎を食べると腹痛に見舞われる。兎が夢枕に立ち、病悩する者もある。

それ故、この島民たちは、兎を「御耳長様」なる神として祀る。

◎波に兎——「篠舎漫筆」巻之六

民家では、「波に兎」を彫った欄間をよく見かける。

この意匠は、「古事記」の神代記にある鰐と兎の故事に基づくのだろう。

しかし、もしそうならば、「鰐に兎」であって然るべきだろう。本来は、鰐の背を数えながら渡ったのだから。それとも、いずれにせよ波間を渡ったということで、波が配されているのか。

いずれにせよ、不審なことだ。

◎娘の声——「今昔物語集」巻第九第二十一

今は昔、震旦《しんたん》の隋の開皇年代(581~600)末期。将軍某は狩りを好み、明け暮れ殺生続けていた。子どもは六人。末子だけが女児であった。至極、美麗な子で、父母は溺愛した。

やがて、某は任地から家族ともども本国へ戻ったが、しばらく経ったある日、七歳になった娘が突如、いなくなった。父母は心当たりをくまなく捜したが、見つからない。五人の兄たちも馬を駆って捜し歩いたが、手掛かりひとつ見つからず、目撃者もなかった。

そうこうするうち、某の屋敷から三十余里も離れた叢《くさむら》で、某の娘が発見された。家族全員で現地へ急行し、某は娘に駆け寄って抱きしめようとしたが、娘は怯えて走り逃げた。その速いとといったら、馬でも追いつかぬほどだった。そこで、馬に乗った五人の兄と大勢の里人たちが四方から徐々に追い囲み、ようやく捕まえた。娘は暴れ、叫び声を上げたが、その声はまさしく兎のそれだった。

某は娘を抱きかかえ、妻と息子たちと共に家へ帰った。

娘は一度として人語を発しなかった。全身に茨《いばら》の棘が刺さって傷だらけだったので、取り押さえて抜いてやった。

それから一か月あまり、娘は食べ物も水も口にせず、とうとう死んでしまった。

父母の悲しみは、言語に絶した。これも長年の殺生の報いと思い至り、以後、某は狩りを止め、家族ともども善行に努めたという。

◎**濡れ衣**――**「甲子夜話」巻十一**

小麦畑を兎に荒らされるのを防ぐため、農夫はまじないをする。

「狐のわざと兎が申す」

と書いた小さな木札を畑の端に立てておくと、兎は畑に寄り付かないのだという。

札を見て、

「畑を荒らした罪を俺になすりつけるつもりか」

と怒った狐に追いかけ回されるのが嫌だから、兎は畑へは立ち入らないというわけだ。

確かに馬鹿馬鹿しい話だが、この札を立てておくと、本当に食害が止むのだから、不思議である。

◎月と兎――「甲子夜話」巻十六

よく知られた児謡に、

「うさぎうさぎ、なにみてはねる。十五夜お月さま、観てはねる」

がある。兎は月を好むのだろうか。

ある人の言うには、

「兎を月下に置くと、水へ変ずる」

と。本当だろうか。

若い頃、このことを確かめてみようと、戯れに野兎をたくさん捕まえてきて籠に入れ、月夜を狙いすまして、城内の築山にひと晩中、置いておいたことがあった。

翌朝見に行ってみると、籠はどこも破られていなかったのに、中は空だった。

面妖なことであった。

「兎」
倉吉張り子／鳥取県

龍の章

辰《たつ》

平住専庵
「唐土訓蒙図彙」(1802)より
〈甲辰神将名孟非卿〉

◎梵鐘を愛する龍――「西遊記」続篇巻之二

筑前国の僧の話。

「この国の海中に鐘があり、その地を鐘が岬という。織幡山《おりはたやま》の艮《うしとら》の方角、岸から離れることわずか五町ばかりの海中に、鐘は沈んでいる。地元の者たちによると、船で通ると、上からも鐘の姿がよく見えるのだという。

大昔、三韓から船で運ばれる途中のこの鐘に、龍神がいたく執着し、嵐を起こして船を沈め、海底に沈めてしまったと伝わる。

以来、龍神愛玩《あいがん》の品よと皆は怖れ、引き揚げようとする者は現れなかったのだが、いつの代か、領主某が、

「あの鐘を引き揚げて、菩提寺に寄進する」

と言い出した。龍神の祟《たた》りを怖れた家臣たちが諫《いさ》めたが、勇猛で知られた某は、

「己が領内にある物を自由に出来ずして、何が領主か。龍神のことなど捨ておき、速やかに引き揚げよ」

と厳命した。

こうまで言われては、最早、家臣も従うほかない。早速に引き揚げ作業が開始された。

海上に数十艘《そう》の船が浮かべられ、まずは鐘の竜頭《りゅうず》に何十という大綱が結びつけられました。綱の端は岸まで伸ばされ、それを何千という人足たちが掛け声も勇ましく、えいえいと引っ張った。

すると、さしもの鐘も少し揺らいだかに見えた。が、その途端、晴天がにわかにかき曇って大嵐が起こり、高波で船は微塵に砕け、綱は切れ、岸の人足の大半が溺れ死んで、引き揚げは失敗に終わった。

これを聞いて領主は怒り狂ったが、家臣たちが命懸けで諌めたので、この件はどうにかこうにか沙汰やみになった。

ところが……。

それから数代後の領主が、この顛末《てんまつ》を聞くや、こう言い出した。

「龍神の祟りとは笑止千万。折悪しく、大嵐に見舞われただけのことであろう。もしかりに龍神の仕業であったとして、それでおめおめ引き下がっては、領主の面目が立たぬ。その鐘、引き揚げずにおくべきか」

そこで、諸臣の諌言《かんげん》も空しく、またもや鐘の引き揚げが試みられた。

ただ、今回は二度目ということもあり、挑む領主側も用意周到であった。

まずは、使用する綱には髪の毛を撚りこみ、切れにくくした。

次に、海上には、大石を積んであらかじめ喫水線を上げた船を数艘並べた。

そして、船と鐘とを綱で厳重に結びつけると、積んでいた大石を海中へ投じた。すると、それまで水面すれすれまで沈んでいた船は徐々に浮かび上がり、それにつれて海底の鐘も、綱に引っ張られて、少し揺らぎ始めた。

とその時、例によって突然の暴風雨が、愚かな人間たちを襲った。

船も人も粉微塵になった。

鐘は竜頭が砕け、横倒しになって、再び元の海底へ沈んでいった。

但し、今回は、それだけではなかった。なんと津波が起こり、沿岸部を覆い尽くした。人家田畑ことごとくが水没し、領民の悲嘆はこの上なかった。

不思議だったのは、その折、翁《おきな》の面《おもて》一つが、海中からふわりと浮かび出てきたことだった。素晴らしい出来栄えの逸品であった。

さて、例の領主はいえば、これだけの目に遭いながら、なおも龍神と争う構えを見せたが、

「これ以上、領民たちに難儀をかけてはなりませぬ」

と諸臣に説得されたのに加え、

「鐘を渡さぬ代わりに、あの面の優品をこちらへよこしたのだろう」

という思いもあったので、ようやく鐘のことは諦《あきら》めた。

こうして、鐘はまたしても人間の手には渡らずじまいだった。しかも、今回の騒ぎで竜頭が砕け、横倒しになってしまったから、今後、引き揚げようにも最早、策がないだろう。

なお、翁の面は、龍宮由来の奇特な品として、宗像《むなかた》の宮へ収められた。

◎登龍のこと——「北越奇談」巻之一

三条の古城址に今も残る内堀。埋もれかかって底の泥は深いが、上の方は澄んだ水を湛えている。そして、堀の周囲には、人家が蝟集《いしゅう》していた。

さて、ある年の早秋のこと。

刈り残して立ち枯れた蘆《あし》の合間から、一尺ほどの青蛇が現れた。蘆を登り、尾を枯れ葉にからませて体を支えると、頭をもたげ、空を仰ぎ、細い口先から豆粒ほどの小さな息をふっと吐き出した。

すると、どうだろう。吐いた息はたちまち霧の如き怪雲と化して、青蛇の姿を覆い隠し、煙のように中空へと立ち昇った。と同時に、大雲が渦を巻いて湧き上がり、烈風が木々の枝葉を吹き騒がせて、車軸を流すような大雨となった。

日没後も暴風雨は止まなかった。登龍はすでに遠く北の空へ飛び去ったはずなのに、夜になると雷電までが暴れ回り、荒天は三日間も続いた。

◎龍穴のこと(一)——「古事談」巻第五

室生《むろう》の龍穴には、善達《ぜんたつ》龍王が棲む。

この龍王は、最初、猿沢池に居たが、帝に想いを募らせた采女《うねめ》(下級の女官)が身を投げてからは、香山《こうぜん》(春日山の南にある山)へ移った。しかし、此処へは下人たちが死骸を遺棄するので、死穢《しえ》を嫌って最終的に室生に落ちついたのである。

さて、かつて日対上人は、龍王のお姿を拝見するべく、龍穴の中へ入った。三、四町ほど暗い中を進むと、急にあたりが開けて青天が広がり、目の前には宮殿がそびえていた。

上人は、建物の南の砌《みぎり》(軒下)に立ってみた。懸けられていた珠の簾が、陽光を反射して煌《きらめ》いていた。

その時、一陣の風が吹いて、簾がめくれ上がり、室内が垣間見えた。玉の机上には、法華経一巻が置かれていた。しばらくすると、人の気配がした。龍王である。

「北越奇談」より
〈登龍〉

「そこに居るのは誰か」

と問われたので、
上人が、

「お姿を拝見致したく、日対が、かく参上仕りました」

と答えると、

「ここでそなたに対面することは出来ぬ。穴を出て、三町ほど進んだところで待て」

と申し渡された。

そこで上人は、言われた通り穴を出て、指示された場所で待った。すると、龍王は、衣冠を正した人間の姿で、地中から上半身だけ現れ出ると、あっという間にかき消えてしまった。

上人はそこに社《やしろ》を設け、先刻目にした龍王の姿を像に刻んで祀った。

その後、祈雨《きう》の要ある時は、この社頭で法会が営まれた。

祈りが聞き届けられると、龍穴の上に黒雲が生じた。ややあって、その雲が上空を旋回し始めると、必ずや雨が降ったという。

◎龍穴のこと(二)――「続古事談」巻第四

祇園社の宝殿の下には、龍穴が口を開けているという。

延久年間(1069~1074)の焼亡の折、天台座主《てんだいざす》がその深さを調べさせた。五十丈までは計ったが、穴はまだまだ深いので、やむなくそこで取り止めたという。

◎玄宗皇帝の笛――「十訓抄」第十

ある月の夜、玄宗《げんそう》皇帝は、笛を奏でた。

その音色は、龍が啼く声そのものだった。

ところが、これを聴いた仙術師は、本物の龍の仕業と誤認し、護符を作って龍が啼かぬように法術で封じた。

その途端、玄宗の手はすくみ、息も絶え絶えになって、笛を吹くどころではなくなった。宮中は震撼し、世人は玄宗の容体を憂えた。

こうした騒ぎは、仙術師の耳にも届いた。仙術師は、自分の術に十分なる効験があったことを確認すると、例の護符を破り捨てた。

すると、玄宗の体調は、何事もなかったように元に戻った。

この後、玄宗は事の次第を知り、笛の腕前の上達ぶりを自任したという。

◎龍王の油断――「今昔物語集」巻第二十第十一

今は昔、讃岐国万能池《まのいけ》に棲む龍王が、日光を浴びようとでも思ったのか、小さな蛇へ変化《へんげ》して池から上がり、堤の上で蟠《わだかま》っていた。

すると、近江国比良山《ひらさん》に棲む天狗が鳶《とび》の姿で飛び来たり、さっと舞い降りると、両足の爪で小蛇をぐっと掴むと、ひっさらって、大空高く舞い上がった。

龍が抗《あらが》おうにも、いまはあいにく小蛇の姿なので、どうしようもない。鳶は小蛇を握り潰し、息の根をとめてから貪り喰おうとしたが、さすがに元は龍なのでそう易々《やすやす》とはいかず、後でゆっくり料理してやろうと、取り急ぎ、遠く比良山まで持ち帰った。

小蛇は、洞窟のごく狭い岩の割れ目に押し込まれた。辺《あた》りに一滴の水もないので龍に戻ることも出来なかった。このままでは、死を待つばかりだった。

さて、四、五日が過ぎた。

天狗は、今度は比叡山へ飛び行き、僧を一人さらってきた。僧は縁側で用を足し、持っていた水瓶を傾けて、今まさに手を洗おうとしたところを、飛来した天狗に拉致されたのだった。

僧は、ひとまず、小蛇のいる洞窟へ放り込まれた。

僧が呆然と佇《たたず》み、

「わしの命も、此処で尽きるのか」

と嘆息していると、

「あなたはどなたですか」

と暗闇から声がする。

相手を確かめ得ぬままに、ここへ連れてこられた経緯を話すと、声の主は、

「私は讃岐の万能池の龍王なのですが、小蛇の姿へ変じたところを運悪く天狗に見つかり、ここへ連れて来られました。水さえあれば、すぐさま元の姿に戻れるのですが……。ひょっとして、御坊は水をお持ちではありませんか」

と問う。

僧はこれを聞き、

「一、二滴なりとも、中に残っていたらよいのじゃが……」

と言いながら、試しに水瓶を傾けて振ってみた。

すると有難いことに、水が数滴、口から垂れてきた。

そこで、僧が水を小蛇に与えると、小蛇はたちまち小童に姿を変えた。

そして、

「御坊よ、かたじけない。ご恩は決して忘れません。どうか怖がらず、私の背に乗って、しっかり掴まっていて下さい」

と言って、僧をおぶったまま、洞窟を蹴破って、天空へ飛び出した。辺りには雷鳴がとどろき、黒雲がたちこめて、大雨になった。

僧は胆を潰したが、こうなれば龍王を頼みにする他ない。目を閉じて背中にしがみつくうち、はや龍は比叡山まで飛び至り、僧を縁側に下ろすと、去って行った。

僧坊では大騒ぎだった。急に雷鳴がとどろいたかと思うと、ふいに落雷に見舞われたからだ。辺りが一瞬、真っ暗になり、やがて徐々に明るくなると、昨日から行き方知れずになっていた僧が、縁側にぼんやりと立っていた。皆に問われるがままに、僧は事の次第を語って聞かせた。

ところで、その後、龍はどうしたか。

当然、復讐の機会を狙っていた。

仇の天狗をあちこち探し求めるうち、荒法師に化けて京の街路を闊歩しているのを見つけたので、龍は空からさっと舞い降りて、蹴《け》殺してしまった。法師の死骸はたちまち糞鳶《くそとび》の姿へ変じ、往来の人々の足蹴《あしげ》にされた。

なお、例の僧は、龍の恩に少しでも報いるべく、ますます仏道修行に励んだという。

◎挨拶に来た龍——「続古事談」巻第二

かつて神泉苑《しんせんえん》の南面には、二層の楼門があった。

藤原実頼《ふじわらのさねより》が三条大宮の辺りに住んでいた頃、藍色の水干袴《すいかんばかま》を履いた男が訪ねて来た。折烏帽子を戴いた、色白の美しい男だった。

「何者であるか」

と問うと、男は、

「こちらのお屋敷の西に住まいしていた者ですが、この度、この地を離れて他へ遷ることとなりました故、ご挨拶に伺いました」

と答えた。

実頼が、

「しかと承った」

と言うと、男の姿は直ぐにかき消えてしまった。

その後、空が急にかき曇り、荒々しく雷電が鳴り渡ったかと思うと、何者かが楼門を蹴破って、昇天して行った。

「神泉の龍が天へ登ったのであろう」

と実頼はつぶやいた。

◎龍の目撃者——「今昔物語集」巻第二十四第十一

今は昔、ある夏の日の夜のこと。

内裏の滝口の武士たちは、詰所で暇《ひま》を持て余し、酒宴でも開こうと、従者に酒肴を取って来るように命じた。

従者はすぐに出て行ったが、待てど暮らせど、一向に戻って来ない。しばらく前から、夕立も降って来た。

皆は待ちくたびれ、興醒めして、しまいには詰所から去って行ってしまった。

おかげで、従者に命じた男の面目は丸つぶれである。

怒った男は、翌朝、従者の家へ出向いた。

すると、家人が応対に出て来て、

「あの人は夕べ遅くに帰宅したのですが、何ひとつ口もきかず、死んだように眠りこけているのです。明らかに様子がおかしいので、皆で心配しているのです」

と告げた。

男が傍《そば》へ寄ってみると、確かに従者は死んだように眠りこんでいた。話しかけても返事がない。ただ、こちらが何か言うたびに、身体をぴくぴくと動かした。

そこで、男は近所の医師、丹波忠明《たんばのただあき》を呼び、事情を話した上で、従者を診てもらった。

忠明の処方は、

「灰を取り集めて床を作り、その中へ患者を埋め置いて、しばらく様子を見なさい」

という、いささか奇妙なものだった。

が、他に選択肢もないから、言われた通りにすると、ほどなく患者の身体に被せていた灰の塊が波打ち始めた。驚いて掘り出してみると、従者はすっかり正気づいていた。

目覚めた従者が言うには、

「お遣いの途中、神泉苑にさしかかった頃、雷鳴が轟き、大雨になりました。やけに暗くなってきたなと思ったその時、苑に立ち込めた闇の中に、金色の手がちらっとちらっと垣間見えました。そして次の瞬間、目の前が真っ暗になり、気を失いそうになったのですが、道端で人事不省になるのはまずいと思い、どうにかこうにか家まで帰りました。その後のことは、よく覚えていません」

男はこれを聞き、忠明の家へ出向いて従者の言い分を伝えたところ、忠明は、

「さもありなん。龍の姿を見て病みついた人間は、ああでもしないと助からぬのだ」

と笑った。

人々はこの一件を聞き知って、忠明の腕前を誉めそやした。

◎干上がった龍宮——「宝物集」巻第五

波羅那国《はらなこく》という国の王子は、名を大施《たいせ》といった。仏心が深く、貧者たちにしばしば施したが、その数は限りなく、国じゅうの宝を頒け与えても、到底足りない。

そこで、無限の富を生む如意宝珠を得ようと、龍宮へ赴く決意を固めた。

父母は反対したが、王子は、

「お許しを得られないなら、お二人の前で死ぬまでのことです」

と言い張って、一切の食を絶ってしまったので、父母もやむなく承諾した。

王子は嬉々として龍宮へ赴くと、早速、龍王に会して、発願《ほつがん》の志を語った。

龍王は王子の心根の尊さにうたれ、秘蔵の如意宝珠《にょいほうじょ》を授けた。

こうして、王子は龍宮を去り、意気揚々と帰国の途についたが、おさまらぬのは、龍宮の臣下たちである。

「あの珠は、龍宮随一の至宝でございます。それを易々と人間に渡してしまわれるとは、軽率にもほどがございましょう」

と、皆で龍王をなじった。

これには龍王も翻意《ほんい》して、早速、王子に追っ手をかけ、珠を取り返してしまった。

王子は叫んだ。

「龍王よ。あなたがそういうお考えならば致し方ない。私はこの大海の水を汲み干してしまうから、覚悟なされよ」

王子は、足許の蛤の殻を拾い上げると、大海の水を掬《すく》い上げた。すると、海の水がごっそり減って干上がり、それまで海中で偉容を誇っていた龍宮が、白日の下に晒されてしまった。

龍王は怖れおののき、珠を再び王子へ差し出したという。

◎誰にでも苦手なものはある――「新著聞集」巻第十五

京の屏風屋長右衛門には、十二歳になる息子がいた。名を長三郎といった。

長三郎は、元禄十六年（1703）五月上旬ににわかに高熱を発し、中旬になると、腹に腫物が出来た。

腫物は次第に大きく膨れて、頂《いただき》に口が開いた。そして、驚いたことに、その口から飯を喰い、人語まで発するようになった。

腫物は並外れた大食いなので、家族が長三郎の体調を案じて飯の量を減らすと、腫物は、

「もっと喰わせろ。長三郎がどうなってもいいのか」

などと叫び、罵詈雑言を浴びせてくる。そんな時は決まって、長三郎の熱がいやましに上がり、長三郎の病状は悪化した。

家族は大勢の医者に診せたが、皆、お手上げだった。

七月になって、博識で知られる玄隆という名医が招かれた。

注意深く診察した玄隆は、内心、

「このような症状は、異国の医書には記載がなくもないが、本朝では聞いたことがない。これは厄介だぞ」

と思ったが、諦《あきら》めるわけにはいかない。

そこで、さまざまな種類の薬剤を腫物の口へ順々に注ぎ、嫌がって吐き出したものばかりを選んで配合し、特製の薬を作った。

そして、

「この薬を飲むと、怒った腫物が悪口を並べ立てるだろうが、どうか我慢してくれ」

と長三郎を諭した上で、服用させた。

すると、二、三日で腫物の声が枯れ始め、喰う量が減っていった。

そして、十日ほど経った頃、長三郎の尻の穴から、長さが一尺一寸、額に角が一本ある小龍が飛び出てきたので、すかさず叩き殺した。

「福竜」
木製玩具／山梨県

蛇の章

巳《み》

平住専庵
「唐土訓蒙図彙」(1802)より
〈丁巳神将名崔巨卿〉

◎熱湯を注がれた蛇――「古今著聞集」巻第二十

建保年間（1213～1219）のこと。

京の北小路堀川近くの民家で、ある時、一人の女が、竈《かまど》の前にしゃがみ、火を焚いて湯を沸かしていた。

すると、三尺程の長さの蛇が現れて、竈の前の鼠の穴へ入って行った。

女が薄気味悪く思って、どうしたものかと思案しているところへ、たまたま仲間の女がやって来たので事の顚末を話すと、

「どうってことないわ。怖がらなくても平気よ。ここに丁度お湯が沸いているから、これを穴へ注ぎ込んだら、たまらず這い出して来る筈よ」

と言う。

そこで、女が言われた通り熱湯を注いでみると、案の定、蛇はびくびくと体をふるわせながら穴から出て来て、のたうち回った挙句に死んでしまった。

二人は、

「可哀想だったけど、仕方ないわね」

などと言いあって死骸を処分し、その場は収まった。

さて、翌日の昼過ぎになると、例の仲間の女がにわかに苦しみ出し、

「熱い、熱い」

と大声で叫んで、転げ回る。

修験者を請じて祈らせたところ、その女に蛇の霊が憑依して言うには、

「いくら祈ったところで、無駄なことだ。あの時、俺は大路で童たちに虐められ、逃れて穴へ入っただけだ。それなのに、熱湯を注げだなどと余計な入れ知恵をしおって。おかげで俺は命を落としてしまったわい」

しばらくすると、その女は絶命した。蛇にとり殺されたのだった。

遺骸をみると、その身も、昨日の蛇の如《ごと》く無残に焼けただれていた。

死んだ刻限も、昨日の蛇と同じだったという。

◎**蛇の愛欲——「今昔物語集」巻第二十九第三十九**

今は昔、夏のある日。

女童《めのわらわ》を伴い、小一条《こいちじょう》を歩く女が、尿意を催し、土塀の前にしゃがみこむと、小用を足した。女童は傍《かたわ》らで待って居たが、女主人は一向に立ち上がらない。不審に思って声をかけたが、返事

もせずにしゃがみこんだままであった。

四時間ほど経ったが、女主人は動かない。女童はどうしてよいかわからず、立ちすくんで泣き続けた。

そこへ、大勢の従者を連れた男が、馬で通りかかった。

泣きじゃくる女童に気付き、従者に訊ねさせて、事情を知った。見れば、女童のことば通り、市女笠《いちめがさ》を被った女が土塀に向かってうずくまり、身動きもしない。

男は馬から降り、近づいて女の顔を覗きこんだ。女の顔はどす黒く、死人当然だった。話しかけても反応がない。女童によれば、こんなことは今まで一度もなかったという。

男は気の毒に思い、後ろから女を抱きかかえて、立たせてやろうとした。

しかし、どれだけ力を入れても、女の身体はその場に貼り付いたように動かなかった。

その折、男がふと土塀の方を見やると、そこには大きな穴が開いており、向こう側から一匹の大蛇が、じっと女を見つめていた。それで男は得心がいった。

「なるほど、そうか。女はあの蛇に魅入られて動けないのだな。蛇が、たまたま穴の向こうから女陰を見て欲情し、こうした仕儀に及んだのだろう」

そこで、男は腰刀を抜くと、刃を穴の方へ向けて地面に突き立てた。

そして、なんとしても女を引き起こすように、従者数人に命じた。

彼らは渾身の力を込めて引き、おかげで女の身体はようやくその場から離れた。と、その瞬間、穴の向こうの蛇が鉾を突き出すように飛び出して来た。が、立ててあった刀で、その身が二つに裂け、死んでしまった。

蛇は女に執心するあまり、刀にも気づかなかったとみえる。恐ろしいことだ。

◎蛇酒のこと——「狗張子」巻三之一

元和年間（1615～1624）の夏のある日。

浪人、伊原新三郎が三河国味方ヶ原を旅する途中、餅酒を商《あきな》う店に立ち寄った。応対に出たのは十五、六歳の美しい娘だった。鼻の下を伸ばした新三郎は、余人がいないことを幸いに、座敷へ上がり込んで娘といちゃつき、二人して酒を飲んだ。

やがて、娘が追加の酒を取りに奥へ引っ込んだので、そっと後をつけて覗いてみると、娘は大きな蛇を吊るし持ち、腹を刀で割いてしたたる血を桶で受け、更《さら》にそこへなにやら流し込んで酒をつくっていた。

新三郎は恐ろしくなって、戸口から駆け出して、逃げ去った。

気付いた娘は、しきりになにか叫びながら、追いかけて来る。すると、娘の声に応えるように、東の方角から、

「逃げられてたまるものか」

という別の声が聞こえた。

新三郎が振り返ると、長さ一丈ほどの何とも知れぬものがぐんぐん迫って来ていた。

林の中へ逃げ込むと、その雪の如く白きものは、木の根元にゆらゆらと立ち上がった。

すると、林の外から、

「今宵あいつを取り逃せば、明日は我々の身が危ない。何が何でも捕まえろ」

という声がした。

震えあがった新三郎は、それからなんとか町はずれまで辿り着き、そこらに有った家へ飛び込んだ。その家の主人に訳を話すと、

「おっしゃる林のあたりには茶店などございません。きっと化物にでも遭われたのでしょう。時々、旅の御方がその茶店とやらに連れこまれたという話を耳に致します。なんでも、夜通し苦しめられるとかで、茶店を出るや患って倒れた人もいたとか。あなたさまは早めに逃がれて、この通りご無事だ。何よりです」

「狗張子」より
〈蛇酒〉

とのことだった。

あまりの不思議さに、宿へ帰った新三郎はこの一件を誰彼となく話して聞かせ、思い切って、もう一度、例の場所へ行って、確かめてみた。

すると、あの家の主人が言っていた通り、辺《あた》りに茶店などなく、荒涼たる野原が広がっていた。ふと見ると、叢《くさむら》の中に、長さ二尺くらいの人形《ひとがた》が打ち捨てられていた。

「こいつが娘に化けたのか」

と新三郎は思った。

そばでは、長さ二尺ばかりの黒蛇が、腹を裂かれて死んでいた。

また、それより少し東へ行くと、誰ぞの死骸が転がっていた。雨露で肉は腐り、なかば骸骨になりかかっていたが、手足の筋骨はまだかろうじて繋がっていて、雪のように白く見えた。

新三郎はこれらをことごとく打ち砕き、薪を積んで焚きあげ、かたわらの堀の水へ投じて沈めた。

ちなみに、新三郎にはそれまで中風の気が有ったのだが、蛇酒を呑んだ御蔭なのか、病悩はすっかり去ったという。

◎**魚売りの女の秘密――「今昔物語集」巻第三十一第三十一**

今は昔、三条天皇がまだ皇太子であったころ。

舎人《とねり》たちの詰所に、魚を売りに来る女がいた。

魚といっても、生魚ではなく、細切れにした干魚の類だった。これがなかなかに美味く、酒肴に向くので、舎人たちはしばしば買い求めていた。

さて、八月頃のこと。

舎人たちが遊猟のために北野へ出向くと、草野に魚売りの女がいた。大きな笊《ざる》を持ち、木の鞭《むち》を振るっていた。

「あの女、こんな処で、一体、何を……」

と不審に思った舎人たちが女の方へ駆け寄ると、気づいた女は一目散に駆け出した。こうなると、ますます怪しい。

女を捕まえ、笊の中を確かめよとすると、女は激しく抵抗した。それを抑え込んで笊をひったくり、中を覗くと、四寸ほどに切り刻まれた蛇の死骸が詰まっていた。

女はあくまで口をつぐんでいたが、舎人たちは細切れの蛇を見て、大方の察しがつき、愕然とした。

おそらくこの女は、鞭で草野の蛇を打ち殺しては細切れにして家へ持ち帰り、塩漬けにしていたのだろう。そして、いい塩梅に漬かったら、干して、干魚と偽って売り歩いていたに違いない。俺たちはそうとも知らず、細切れの蛇に舌鼓を打っていたのだ……。

ちなみに、この話を聞いて、気にかかることがひとつある。

世間では「蛇を喰うと健康を害する」と言われているのに、何度も喰った舎人たちがずっと壮健だったのは、どうしてだろう。

◎腹中に潜んでいたもの――「谷の響」五之巻

寛政年間（1789〜1801）、ある子どもが近くの川で溺れ死んだので、心ある人がその遺骸を岸へ引き揚げ、体内の水を吐かせてやろうとしたところ、遺骸の腹がぐるぐる鳴ったかと思うと、突如、肛門から何物かが飛び出てきた。

長さ一尺六、七寸の蛇形の細長い生き物で、身体は平たく、頭部が膨らんでいた。

狂ったように辺りを駆け回るので、皆は打ち殺そうと木切れを持って追ったが、仕留める前に川へ逃げ込まれてしまったという。

◎蛇の執念——「耳嚢」巻之十

本所に住まいする芦澤《あしざわ》某の門には、毎年、燕が巣を作っていた。ある年、芦澤の留守中、三、四尺もあろうかという蛇が子燕を狙い、門柱をつたって巣へと近づいて行った。

ところが、それを当屋敷の下僕が見つけ、蛇を打ち殺し、死骸は屋敷前の掘割へ投げ捨てた。

さて、それから六、七日すると、おびただしい数の蟻が燕の巣へ群がり、中の子燕は全身を噛まれて息絶えていた。

蟻の列がどこから来るのかと辿っていくと、掘割まで連なっている。

「掘割の何処から?」

とさらに辿ると、数日前に遺棄した蛇の死骸に行き当たった。全身が腐り朽ち、そこに湧いた蟻の列が、はるか門上の燕の巣まで続いていたのだった。

「あの蛇は妄執ゆえに、死後、蟻と化して燕の子を狙ったのだ」

と芦澤は語った。

◎蛇が喰らいついたもの――「古今著聞集」巻第二十

白拍子《しらびょうし》の長者、太玉王《ふとだまおう》の屋敷の女に、ある僧が情を通じて通い始めた。

ただですら嫉妬深い本妻は恨めしくて気も狂わんばかりだったが、僧は無視して、女の許へ通い続けた。

さて、建保六年（1218）二月二日の夜のこと。

僧はまたしても女の寝所を訪れ、男女の営みに精を出したのだが、愛人と交わっているはずなのに、なぜか本妻を相手にしているような気がしてならない。そこで一旦、体を離し、顔を見れば、確かに愛人である。

「気のせいか」

と訝しがりながらまたも交合すると、やはり相手が本妻のような心地がする。

どうも気味が悪かったので、女から離れると、何処から来たものか、五、六尺ほどの蛇が現れて、僧の男根の先端に喰いついた。振り放そうとしても、ますます強く噛みつくばかり。僧は刀を抜いて、蛇の口を裂き切り、ようやく引き離した。蛇は死んだ。

僧はその傷がもとで病みつき、廃人のようになってしまった。

ちなみに、くだんの蛇の死骸は、堀川へ打ち捨てられた。噂を聞きつけ、大勢の見物人が集まった。

本妻はといえば、事件当夜から病悩し、ほどなく息を引き取った。

◎はぶ毒に効く薬――「中陵漫録」巻之九

琉球には、はぶ遣いの妖術を操る家があるが、近時ははぶ毒に効く妙薬を製して儲けている。この薬の御蔭《おかげ》で、多くの者が、咬まれた手足を切らずして命をとりとめている。

さて、この妙薬の由来について。

はぶ遣いの家では、沢山のはぶを甕《かめ》に入れて飼養しているのだが、中に親はぶといって、数世にわたって生き長らえている妖蛇がいる。

この家の当主は、外出の際には、必ずこの妖蛇を礼拝し、今からどこそこへ出向きます、何時頃には帰宅致しますので何卒よろしく、と暇乞《いとまご》いをしてから出掛ける。

ある時、この一事を失念したまま外出したことがあったのだが、帰宅した途端に妖蛇が這い来て、当主の足を咬んだ。無論、放置すれば毒が回って死んでしまう。当主は暇乞いをせぬまま出掛けた報いと気付き、

「気が急いて出掛けたので、ご挨拶するのを忘れておりました。今後は二度とこのような失態

を犯しませぬゆえ、なにとぞ命ばかりはお助け下さい」

と懇願した。

すると、妖蛇は何処《いずこ》かへ赴き、草を咥えてすぐさま戻って来た。そして、草を当主の前に置く。これが毒消に相違あるまいと、当主がその草を咬まれた傷口へ塗りつけると、先刻までの激痛が減じ、数日で完治してしまった。

そこで、以降は、山野からこの草を捜して来ては薬に調製し、世の者たちに頒けてやっているのだという。

◎笛の音を聴く大蛇——「古事談」巻六

ある時、怜人《れいじん》(楽人)助元は、役務懈怠《けたい》の罪を問われて、左近衛府《さこんえふ》の詰倉へ押し籠められた。

「此処は夜中に大蛇が出ると、もっぱらの噂なのに……」

と怖れるうちに、夜半となった。

すると、噂通り、大蛇が現れた。

頭の大きさは祇園会の獅子舞の獅子頭ほどもあり、目は銀の提《ひさげ》(鍋型の容器)のようだった。大きな口を開け、三尺ほどの長い舌を出して、助元に迫って来た。

助元は気が遠くなりそうなのを懸命に堪え、わななき震えながらも笛を取り出すと、「還城楽《げんじょうらく》」の破の部分を奏した。

大蛇は、這うのを止めると鎌首を持ち上げ、助元の笛に聴き入っているようだった。

そして、しばらくすると、その場から去って行った。

◎蛇除けの呪言——「宮川舎漫筆」巻之四

紙に以下の和歌を書いて貼っておくと、蛇が出ないという。

この山に　鹿子《かのこ》まだらの　虫あらば
山立姫《やまたちひめ》(野猪のことか)に　告げて　取らせん

◎下女をつけ狙った蛇——「古今著聞集」巻第二十

摂津国某に暮らすある下女が、夏の盛りに昼寝をしていると、大蛇が家の垂木に尾を巻きつけたまま、頭を下げて下女へ襲いかかろうとした。

が、その度にためらうように頭を引っ込め、下女に近づきかねている風情だった。

傍《そば》に居た夫はそれに気付いたのだが、

「奇妙なこともあるものだ。蛇は一体どうしたのだろう」

と、蛇を追い払いもせずに、その様子をじっと窺っていた。

蛇は相変わらず幾度か襲撃を試みるが、どういうわけか、垂木から尾を離して下女の体へ落ちかかることが出来ないでいた。

見れば、下女の帷子《かたびら》の胸元がきらきら光っている。近づいて確かめてみると、布地に大きな針が刺さったままになっていた。

「ひょっとして、この針が怖くて、ためらっていたのか？」

と、試しに針を抜き、元の場所へ戻って蛇の様子を観察すると、今度はすぐさま落ちかかって、下女を襲おうとした。そこで、慌てて駆け寄り、蛇を打ち殺した。

目を覚ました下女が言うには、

「夢うつつの内にせっかく美男が言い寄って来たのに、あんたが追い払ってしまったんで、台無しよ」

思うに、魔を祓《はら》うためにも、我々は普段から、金属を身に帯びた方が良い。わずか一本の針でも妖蛇を遠ざけるには十分なのだと、下女の一件が教えてくれている。

針一本でもこれだけの威力なのだから、太刀ならなおさらである。武勇を立てるためでなくとも構わない。単なる護身用としてでもよいから、携行すべきだ。

◎稚児を愛した女の妄執――「沙石集」巻第九之二

鎌倉に住む某の娘が、若宮の僧房の稚児を想うあまり、恋煩《わずら》いで伏せってしまった。娘から苦しい胸の内を聴いた母親は、たまたま稚児の両親と知り合いだったので、思い切って先方へ事情を話してみた。その御蔭か、稚児が時々は娘の元へ通って来てくれるようになった。

もちろん、娘は天にも登る心地だったが、稚児の方は娘のことがそれほど気に入らなかったらしく、次第に足が遠のいていった。そうこうするうち、娘は焦がれ死にしてしまった。父母は悲しみ、遺骨を善光寺へ送ろうとして、箱に入れて安置しておいた。

しばらくすると、今度は例の稚児に異変が起きた。

正気を失い、放っておくと危険だった。そこで、家族が一室に閉じ込めておいたところ、余人がいないはずの部屋で、誰かと話をする声が漏れ聞こえてくる。怪しんだ母が隙間から覗くと、部屋には大蛇がいた。稚児の話し相手は大蛇だったのだ。

やがて稚児が亡くなったので、遺骸を棺に収めて若宮の西の山へ運び、埋葬しようとしたところ、棺の中にはいつの間にか大蛇が巣食い、稚児の遺骸にまとわりついていた。遺族たちは仕方なく、そのまま葬った。

さて、娘の家の方はどうであったか。

善光寺へ納骨する段になって、娘の母親は、

「鎌倉の某寺へも分骨しておこう」

と思い立ち、遺骨を収めた箱を開けてみて、仰天した。中の骨片は、あるものはすっかり小蛇へ変じており、またあるものは半分ほどが小蛇になりかかっていたという。

◎蛇の塊——「兎園小説外集」第一

小石川に住む高橋百助の十四歳の息子は、名を千吉といった。

近所で遊ぶうち、十数匹の蛇が道端で蟠《わだかま》り、塊になって盛り上がっているのを見つけた。

しかも、その内側に、何か光るものが見え隠れする。

怖さを懸命に押し殺して塊の中へ腕を突っ込んで探ると、手先に触ったものがあった。取り出してみると、一文の古銭だった。

やがて、蛇たちがその場から去ろうとすると、それまで千吉の背後で事の成り行きを見守っ

ていた野次馬たちは、蛇たちを打ち殺そうとした。

しかし、千吉が、

「やめて下さい。誰かを傷つけたわけでもないのに、どうしてあいつらを殺すんですか。可哀想でしょう」

と制したので、一同は思いとどまった。

千吉が言うには、

「祖母からいつも聞かされていました。たくさんの蛇が蟠っている処には宝物があり、それを得た者は生涯お金に困らない、と。今回、それを思い出したので、勇気を奮って腕を突っ込んでみたのです」

◎赤子の本性――「宝物集」巻第七

昔、仏生国《ぶっしょうこく》という国に、血のように赤い雨が降り、国じゅうが紅に染まった。仰天した国王が、術師に占わせ智臣に問うてみたところ、

「赤子の姿を借りて、邪なる者が生を享けたようです。今宵生まれた赤子を召し出してみられては如何《いかが》でしょうか」

とのことだった。

そこで、今宵生まれた赤子を国じゅうから城へ集めて吟味したところ、中の一人が口から焔を吹いた。人々はその者を蟒《ほう》（うわばみのこと）と名づけて忌み怖れ、遠くの島へ流してしまった。

◎**熊と争った大蛇**――「中陵漫録」巻之十一
出羽国置賜《おきたま》郡開村に、大蛇が棲んでいた。

ある時、大蛇は熊を呑まんと噛みついたところ、熊は大蛇を口のところから二つに引き裂いて、去って行った。やがて大蛇の死骸は腐り、野には骨だけが残されたが、薄気味悪がって、誰もその骨に近づこうとしない。

◎**四天王と蛇**――「古今著聞集」巻第十六
藤原道長の屋敷に、解脱寺の僧正の勧修《かんしゅう》、陰陽師の安倍晴明《あべのせいめい》、医師の丹波忠明《ただあき》、武士の源義家《よしいえ》（頼光の誤りか、以下同様）が参籠していた五月一日のこと。

南都からは、早瓜が贈られてきた。ただ、道長は物忌みの最中であったので、果たして受け取ってよいものか、晴明に占わせてみたところ、

「こいつは毒気を蔵しておるようだ」

と言って、沢山の瓜の中から一つを取り出し、

「加持がなされれば、毒気が顕れましょう」

と道長に申し上げた。

そこで、道長の命を受けた勧修が念誦《ねんじゅ》したところ、ほどなく瓜がゆらゆらと蠢《うごめ》き始めた。

「毒気を抑えよ」

との道長の言葉に、今度は忠明が身を乗り出し、瓜を手に取って幾度か回したかと思うと、
二か所に針を刺した。

すると、瓜の蠢きがぴたりと止んだ。

「義家、早う」

と促されて、義家が腰刀を抜いて瓜を二つに斬り割ると、中には小蛇が蟠っていた。忠明の
二本の針は蛇の両眼を貫いており、義家の刀は蛇の首を刎《は》ねていた。

世に知られた人たちの為《な》すことは、やはり水際立っていると言わねばならない。

◎蛸が蛇に変身――「笈埃随筆」巻之五

春三月ごろに越前国を訪れた商人の話。

「地元の人々に、蛇が蛸になるのを見に行こうと誘われ、うららかな昼下がりに浜辺へ出かけました。しばらくしますと、山の方から一匹の蛇が現れ、真一文字に浜を下って、海中へ入り、ゆらゆらと泳いでおりました。十間ほど進むと、蛇は尾を上げ、数度、水を打ちました。すると、尾の先が裂け別れて、数本の長い足となりました。『なんと、不思議なこともあるものだ』と更に目を凝らして見ておりますと、すでに半身が蛸になった蛇が水中で身をひるがえし、次の瞬間には全身が蛸へ変じていたのです。変身した直後は少し疲れたような様子でしたが、すぐに元気になって、沖へ泳ぎ去って行きました」

この話を聞いた私は、

「『手長の蛸に毒があり』と言われる元は、これか」

と思った次第です。

◎大蛇に犯された女が孕《はら》んだもの――「日本霊異記」中巻第四十一話

河内国に富貴の家があった。

ある日、その家の娘が桑樹に登って葉を摘んでいると、娘を狙って大蛇が幹にからみつきながら登っていった。

通りすがりの人がそれに気づき、樹上の娘に危険を知らせた。娘は大蛇を見て恐懼《きょうく》し、樹から地面へ落ちてしまった。すると、大蛇も下の娘めがけてどさりと落ちかかり、その身体にずるずると巻き付いたかと思うと、犯した。娘は気を失った。

それでも大蛇は娘から離れない。両親は急いで医者を呼び寄せた。

医者は、庭先に戸板を置き、大蛇の絡まった娘をそこへ寝かせた。そして、まず、黍《きび》の藁《わら》三束《たば》を焼いて湯に溶き、三斗の汁をこしらえ、これを二斗になるまで煮詰めた。次に、猪の毛を十把ほど刻み砕いて、汁に混ぜ込んだ。

その一方、戸板の四方に杭を打ち、娘の両手両脚に縄をかけ、四本の杭に結びつけた。

それから医者は、娘の女陰を開くと、先程の汁を注ぎ込んだ。

一斗ほど注入したころ、ようやくのことに大蛇が娘の身体から離れたので、殺して放り捨てた。

しばらくすると、孕んだ蛇の子が腹から出てきた。それは白い塊で、小蛇というより、おたまじゃくしのようであった。体表には、汁に混ぜた猪の毛が突き立っていた。五升ほどは出てきただろう。

医者はこれを見届けると、今度は娘の口に残りの汁を注ぎ込んだ。こうして、蛇の子を残らず堕ろすことが出来た。

やがて、娘は意識を取り戻した。両親に、

「大丈夫か」と問われて、

「何もかも夢の中の出来事だったように思えるわ。もう平気よ」

と答えた。

ところが……。

三年後、娘はまたしても例の大蛇に犯された。そして、命を落とした。

どうやら娘は、大蛇への愛執に囚《とら》われてしまっていたらしく、死ぬ間際には、あろうことか、
こう言い残したという。

「私は死んでも、来世ではまたあの蛇の妻になりたい」

◎双頭の蛇――「兎園小説」第六集

文化十二年(1815)、越後国魚沼郡余川《よかわ》村の金蔵が、双頭の蛇を捕まえた。

地面から隣家との垣根へ上ろうとしてたところを、箒《ほうき》で払い落とし、桶に入れて飼っていた。

連日、近郷の村々から沢山の見物客が来た。

蛇の全身は黒色で、腹は青かった。長さは六寸余。

左の頭が行こうと思うと左側へ、右の頭が行こうとすると右側へ這い進んだ。そして、あらかじめ二つの頭が気を合わせた時だけ、真っ直ぐに進めるようだった。

なお、桶の中では双頭を重ねて蟠るので、一見、普通の小蛇に見えた。

ある日、噂を聞きつけた香具師が訪ねて来て、

「見世物に出すから、売ってくれ」

と話を持ち掛けてきた。金蔵が値を交渉していると、隙をつき、近所の猫がくだんの蛇を咥えて逃げ去ってしまった。慌てて追いかけたが、後の祭りだった。両人は大いに失望した。

ちなみに、小蛇というのは、総じて黒い。それが生まれて三年ほどして脱皮し、それによって初めて本当の体色が定まるらしい。金蔵の蛇も色が黒かったというが、脱皮したら違う色になったのかも知れない。

◎大蛇の尾——「宇治拾遺物語」巻第十四第三話

昔、経頼《つねより》という相撲（力士）が、家の近くの川のほとりで涼んでいた。

すると、六、七間ほど離れた対岸から、水面を盛り上げて何かがやって来る。いぶかしがるうち、経頼のいる岸近くの水面から、蛇がぬっと頭を出したと思うと、ただじっと経頼を見つめた。

やがて、蛇の頭は水中へ引っ込んだ。しばらくすると向こう岸近くの水面が盛り上がり、またもやこちらの岸のそばも波立つや、今度はぬっと尾が現れて、水際に立つ経頼の方へそろそろと伸びてきた。

「何をするつもりなのか」

と興味本位でされるがままにしていると、蛇は尾を三、四回ほど経頼の脚に巻きつけ、ぎしぎしと引っ張り始めた。

「ははん、俺を川へ引きずり込もうというのだな」

と悟り、経頼は両脚にぐっと力を入れて岸に踏ん張った。

それにしても、凄まじい力である。

経頼があまりにも力強く踏み留まったため、履いていた下駄の歯は折れ、足が地面に五、六寸ほどめり込んでしまった。

「さてもさても、よく引くことよ」

となおも抗っていると、何やらぶつっと音がして、水中に血だまりが生じたので、

「どうやら尾が切れたとみえる」

と足を引くと、切れた尾が引きずられて、だらりと岸へ上がって来た。

足に絡みついた尾の端を引きほどき、洗ってみたが、跡が消えない。

「酒で洗うといい」

と教えてくれた人があったので、言われた通りにしながら従者を呼び、尾を引き上げさせたのだが、その大きいことといったら尋常ではなく、切り口は直径一尺ほどもあった。

ちなみに、頭の方はどうしていたのか気になって、向こう岸を調べさせると、生えていた大木の根元に、頭の部分が残っていた。何度も巻きつけ支えにした上で、尾で経頼を引いていたらしい。それにつけても、我が身がちぎれるのも厭《いと》わずに引っ張るとは、呆れた話である。

この事件の後、物好きな人が、

「あの蛇の引く力はどのくらいだったのか、調べてみよう」

と思い立った。

そこで、経頼の脚に太い縄を巻きつけて、まずは十人に引かせてみたら、経頼は、

「まだまだ」

と笑う。次第次第に人数を増やしていき、六十人がかりで引くと、ようやく、

「まあ、このくらいの力であったかな」

と言った。

ここから推量するに、経頼はおおよそ百人力の持ち主なのであろう。

◎瘤《こぶ》の中身——「伽婢子」巻之十三

河内国錦部《にしごり》での話。

ある時、百姓某の妻女の襟首に、瘤が生じた。

初めは蓮の実ほどの大きさだったのに、やがて鶏卵大になり、ついには三、四升入りの甕《かめ》ほどにまでなった。瘤が重くて、妻女は自分で立つことも出来ない。立ち上がる際には、誰かに抱え上げてもらわねばならなかった。ただ、痛みはなかった。

瘤の中からは、時折、管絃音楽の調べが聴こえてきた。また、瘤の表面には、針の先で突いたほどの小孔が何千と開いており、曇天でいまにも雨が降り出しそうな日には、その沢山の孔か

ら白糸のような細い煙が空へ立ち昇って行った。

家族は恐れおののき、

「このような者を家に置いておくと、共に住む我々にも禍が降りかかるやも知れぬ。いまのうちに連れ出して、山にでも捨ててしまおう」

とささやきあったが、妻女が、

「瘤をこのままにして山へ捨てられてしまったら、私の命はそれまでです。かといって、ここで瘤を切り裂いても、私は死んでしまうでしょう。どうせ助からないのであれば、どうか瘤を割き、中に何があるのか見てください」

と懇願する。

夫は承諾して、大きな剃刀を持って来て、妻女の瘤を縦に一気に切り裂いた。

すると……。

血は少しも出なかったが、中から皮を跳ね破るようにして、何かが飛び出してきた。見れば、長さ二尺ほどの蛇だった。全部で五匹ほど居た。黒、白、黄……と色は様々だった。鱗がぴかぴか光っていた。

五匹が庭先へ向かったので、家人は打ち殺そうとしたが、夫が制した。

その間、五匹が庭へ至ると、突如、地面に穴が生じ、蛇たちは揃ってそこへ入っていった。穴は深く、底が知れなかった。

梓弓《あずさゆみ》の巫《みこ》を呼んで占わせると、神がかった巫が口走ることには、

「私はお屋敷勤めの侍女でございました。ご主人の奥方様に嫉妬された私は、ある時、奥方様に鉄漿《おはぐろ》の歯で襟首を噛まれたのです。夥しい血が流れ、疵口は鉄漿のせいで腐って、遂には命を落としました。その怨みゆえに蛇の姿となり、世の女の襟首に宿っては、これをとり殺し……」

これを聞いた人が、

「お気持ちはわからぬでもないが、最早、遠い昔の話ではありませんか。赦しておやりなさい。あなたの成仏のために、読経をして差し上げますから」

と諭すと、

「怨みがあまりに深く、何度、転生しても心の平穏が得られずに苦しんでおりましたから、回向のお申し出、有難く存じます。願わくば、生前に信奉しておりました法華経を以て、供養をお願い致します。なお、瘤には、胡桐涙《ことうるい》(胡桐の樹脂)をお塗りなさいまし」

との答えだった。

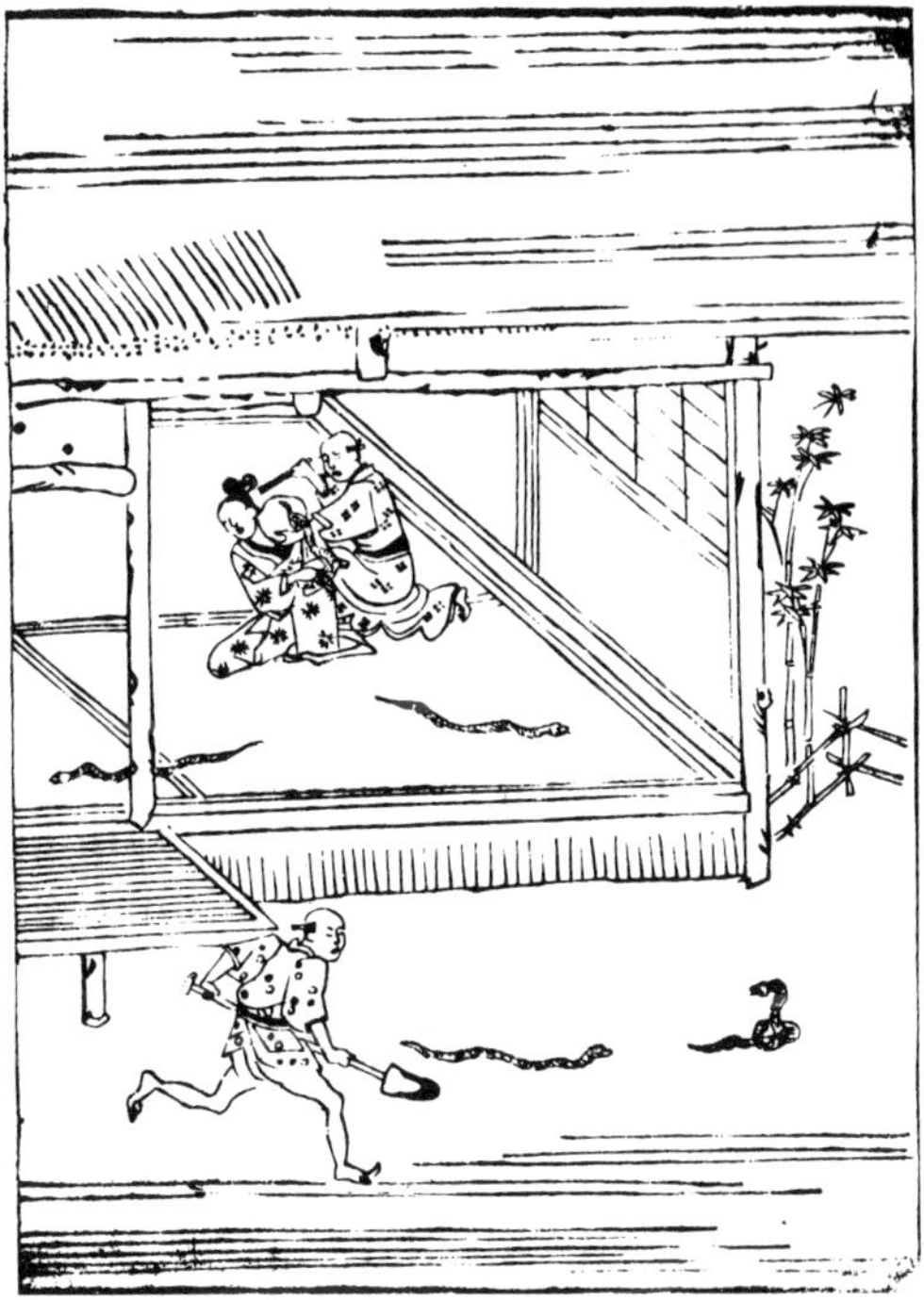

「伽婢子」より
〈瘤の中身〉

その後、僧を招いて丁重に供養したところ、妻女の懊悩《おうのう》は晴れた。また、手を尽くして胡桐涙を取り寄せ、瘤に塗ったところ、ほどなく瘤は消えてしまった。

この一件以降、妻女も、他人へ妬みの心を抱かぬように留意したという。

◎大蛇を養う——「耳嚢」巻之二

清左衛門という男は、ある時、どういうわけか小蛇を飼い始めた。箱に入れて椽《たるき》（垂木）の下に置き、夫婦でこれを慈しみ育てた。天明二年（1782）までおよそ十一年間も飼ったそうなのだが、その頃には、見た者が仰天するほどの大きさにまで成長していた。しかし、夫婦の可愛がり様は尋常ではなく、朝夕の食事の折には床を叩いて合図し、蛇が鎌首を持ち上げると、自分たちが使っている箸を使って餌を食べさせてやるほどだった。屋敷の使用人たちも、最初こそ怖がっていたが、やがてすっかり慣れっこになった。ある下女などは、夫婦の勧めに従って蛇に食べ物を供え、熱心に祈願したところ、さっそくご利益があって良縁に恵まれたという。

さて、天明二年三月某日のこと。その日はひどい嵐だった。

夫婦はいつものように蛇に朝飯を食べさせてやったのだが、蛇はひどく苦しそうな様子である。夫婦が心配して、あれこれ介抱してやるうち、空には黒雲が湧いて、にわかに雨が降り出した。蛇は椽《たるき》の端でしばしうなだれていたが、ふと頭を上げて空を睨んだ。

とその途端、屋敷のすぐ上まで黒雲が垂れてきたとみるや、蛇は宙へ身をひるがえして、昇天して行った。

◎継母の悪計——「沙石集」巻第九之三

下総に住むある女人は、十二、三歳になる継娘《ままむすめ》が邪魔で仕方がなかった。

そこで、大きな池のほとりまで継娘を幾度となく引っ張って行き、その度に池の主へ呼びかけた。

「うちの娘をあなた様へ差し上げましょう。どうぞ婿になって下さいませ」

さて、ある日のこと。

辺り一面に暴風が吹き荒れ、大荒れの天気であったにもかかわらず、女人はお構いなしに継娘を引っ立てて池へ行き、いつもの科白《せりふ》を繰り返した。風の勢いはますます凄まじく、池の水面は激しく波立ち、周囲は急に暗くなってきた。

継娘は心底怖くなり、女人が少し目を離した隙に池岸を離れて、家へ向かった。帰り道、得体の知れない何かにずっと追われている気配がして、背筋が凍る想いであった。

家へ飛びこむと、父親に取りすがって、涙ながらに池岸での出来事を話した。

しばらくすると、女人も戻って来た。が、彼女は一人ではなかった。続いて池の主たる大蛇がぬっと入って来て、鎌首を持ち上げ、長い舌をチロチロ動かしながら、継娘をじっと見据えた。

父は身分こそ卑しいが、気丈な男だったので、大蛇に向かってこう叫んだ。

「この子は私の実の娘だ。継母《ままはは》が約したからといって、実の父親である私の許しなしにこの子を奪うなど、言語道断だ。その代わり、お前には私の妻をくれてやる。昔からの教えには、『妻は夫の言葉に従え』とある。妻も文句は言わないはずだ」

大蛇はこの言葉を聞くや、娘を諦め、女人の方へ這って行った。

その間に、父と娘は逃げ去った。

大蛇は女人にからみついた。女人は気が狂い、自分も蛇へ変身しかかったという。

◎**蛇の落とし前**――**「沙石集」巻九之四**

遠江国に住む男が、外出から戻って寝室に入ると、妻が昼寝をしていた。

よく見ると、五、六尺もある蛇が妻のからだにまとわりつき、あろうことか女陰に口を付けて横たわっていた。

夫は蛇を引き離すと、

「殺しても飽きたらぬところだが、今回だけは見逃してやる。だが、次はないぞ」

と言って杖で打ち据え、山の方へ捨てた。

さて、それから五、六日経ったころ、家の者が騒ぎ始めた。男が、

「何事だ」

と訊ねると、

「蛇の大群が押し寄せています」

という。

男は、

「騒ぐでない」

と制したかと思うと、おもむろに直垂《ひたたれ》をまとい、正装してから客間へ坐した。
一、二尺の蛇が頭を並べ、隙間なく四方を取り囲み、庭の隅まで埋め尽くしている。続いて、それよりも大きな蛇が幾千万と現れ、さらに一丈二、三尺くらいの蛇が、五、六尺くらいの蛇を左右に十匹ほど引き連れてやって来た。
どの蛇も鎌首を持ち上げ、舌をチロチロと動かす。不気味なこと、この上ない。

あまりの恐怖で、女たちは放心状態であった。男は、

「もはやこれまでか……」

と腹をくくり、蛇たちへ思い切ってこう呼びかけた。

「かくも多くの方々がこうしてお集まりなのは何故なのか、私には理解出来ません。以前、私の妻が昼寝している間に、蛇に犯されたことがございました。私はその蛇を杖で打ちました。罪を犯したのですから、罰せられるのは当然でしょう。妻が辱められたにもかかわらず、その犯人にも慈悲をかけて、命ばかりは助けてやった。にもかかわらず、ここであなた方に命を奪われるのとは断じて承服しがたい」

この訴えを聞くと、大蛇も他の蛇たちも頷《うなづ》いた。

そして、大蛇は、事件を起こした例の蛇を見つけて、一度噛みついたかと思うと、去って行った。他の蛇たちもこれに倣い、ひと咬みずつして、姿を消した。

そして、気付けば、あれほど沢山いた蛇が、一匹も見当たらなくなったという。

こうして、怖気《おじけ》づかずに自説を述べ、災いを退けた男の態度は見上げたものであった。

仮に、堂々たる申し立てなしに、防戦に努めただけであったなら、死人や怪我人が大勢出て、目も当てられぬ有り様だったことだろう。

やはり殺生は慎まねばならぬ。

◎凄まじい毒蛇――「西播怪談実記」巻七之二

赤穂郡矢野庄瓜生村《うりゅうむら》の農夫、甚太夫の家の裏に、幅一丈ほどの掘割の池があった。皆は、そこへ流れ込む谷川の水を、朝夕、杓ですくって使っていた。

さて、延享四年（1747）七月五日の朝のことだが、いつものように水を汲みに行った甚太夫の娘が、池の中で小さな蛇が溺れ死んでいるのを見つけた。蛇の死骸は、腹を見せて水面を漂っていた。すぐそばでは、蛙も死んでいた。同じように腹を上にして浮いていた。

娘の知らせで甚太夫が駆けつけた。日々使う処だから、そのままにもしておけない。甚太夫は、死骸を取り除けようと、着物をからげて池へ入った。

とその途端、甚太夫はうつ伏せに水へ倒れ込み、動かなくなった。

兄の異変に気づいた弟の彦三郎が駆け寄って、助けようと水へ飛び込んだが、その彦三郎も、兄の身体に折り重なるようにして倒れてしまった。女房と娘の泣き叫ぶ声を聞いて、今度は隣家の孫六がすっ飛んで来たが、これも水へ飛び込んだ途端に両人に重なって倒れ、続いてやって来た山三郎《さん》も甚七も、水に入ったとみるや、倒れてしまった。

人々は恐ろしがって誰も水に入らず、どうしたものかと言い争うばかりであったが、孫六の孫の善六は少しばかり知恵を出した。

善六は、自分の腰に命綱を結びつけ、その端を村人たちに引っ張ってもらいながら、池へ入った。

すると、たちまちのうちに顔色が黒ずみ、意識が遠のき始めた。村人たちが慌てて縄を引いて上げた時には、すでに気を失っていた。

そのうち、村じゅうの者たちが集まって来て、鋤《すき》や鍬《くわ》で池を掘り崩して、倒れて込んでいた五人を引き上げた。そして、近隣から二人の医者を呼び、治療にあたってもらった。

しかし、その甲斐もなく、甚太夫、彦三郎、孫六の三名は命を落とした。

山三郎と甚七は、かろうじて命をとりとめた。善六は正気に返るまで、ずいぶん時間がかかった。ただ、助かった三人も、毒気のせいで長い間、病悩し、本復したのは、かなり後のことだった。

ここへきて、治療に専念していたために実は事情をよく知らなかった医者が、村人に訊ねた。

「一体、何があったのかね。池に何か変わったことが?」

すると、村人が答えて言うには、

「池を掘り崩している時に、石垣から蛇が出たらしく、誰かが『あっ、蛇だ』と言って騒いでいたようだが、その内に、何処へ行ったものか、姿が見えなくなった」

そこで、生き残った三人に確認してみると、
山三郎と甚七は、

「倒れている者を助けようとして、池へ飛び込んだまでは憶えているが、その他のことはわからん」

と言い、善六は、

「水へ飛び込むと、ひどく臭かった。今思い出しても、気分が悪くなる」

と答えた。

結局、どんな毒蛇の仕業であったのか、はっきりとわかった者はいなかった。

◎殺しても殺しても（一）――「沙石集」巻第九之五

下野国に、沼で漁を営む男がいた。

ある日、漁をしていると、岸の下方の穴から、沢山の魚が出て来た。穴の中を調べてみると、小さな瓶子《へいじ》があった。どうやら魚はここから湧いて出るらしい。不思議に思って見るうち、魚

が出尽くした最後に、一尺ばかりの蛇が一匹、出てきた。

そこで、この蛇を捕えて串に刺し、道端に挿して立てておいた。

帰宅して、漁で獲った魚をさばいていると、串に貫かれたままの蛇が這い進んできた。男は驚いて、叩き殺した。

ところが、すぐさま別の蛇が来る。これを殺すと、また別の蛇がやって来る。さっき殺した蛇の死骸に折り重なるようにして、どこからか蛇が湧いて出て来るのである。男は恐怖で総毛立ち、ついには狂死してしまった。

◎殺しても殺しても（二）――「西播怪談実記」巻八之五

元文年間（1736〜1741）のこと。佐用《さよ》郡石井村の喜助という男が、山で麻を刈っていると、四尺ほどの蛇が現れた。追い払ったが、一向に逃げようとしない。そこで、

「ええい、邪魔だわい」

とばかりに、そこらの石を拾い上げ、何度も叩いて殺してしまった。

そして麻刈を続けていると、また似たような蛇が出てきたので、これも殺した。

ところが、またまた二匹、三匹と出てくる。最早、石では間に合わないので、持ってきた担い

棒で叩き殺したが、それでも蛇はどんどんやって来る。

おそらく、もう二十四、五匹も殺したろうか。

このころになると、自分の前後左右が幾千万という蛇に取り囲まれているように思えてきたし、またそう見えてきたから、恐ろしくなって、家へ逃げ帰った。その帰る道すがらも、目に入る樹木も草も、とにかく何もかもが蛇に見えたのだという。その後、喜助は寝込んでしまって、しばらくの間、起き上がれなかったらしい。

「蛇が殺される時、鼠の鳴くような声を立てると、それを聞いた仲間の蛇たちが続々と現れる」という話を聞いたことがあるが、喜助の身に起きたことを見る限り、本当のことらしい。

◎妖蛇を喰った男――「耳嚢」巻之九

ある時、蛇が蛙を呑むのをたまたま見かけた農夫は、蛙を蛇から引き離して、そばの叢へ逃がしてやった。蛇は怒り、農夫に向かって這い進んだ。農夫は棒切れで追い払おうとしたが、ひるまずに鎌首を持ち上げ、ずんずんと農夫の方へ迫って来る。

農夫は剛毅な気性だったので、逆に蛇をむんずと捕まえて、口を引き裂き、道端に打ち捨ててから立ち去った。

ところが……。

蛇はまだ追って来た。石原を這って進んで来たから、腹はずたずたに切れ裂けていた。

これを見た仲間は、

「なんと凄まじい執念だ」

と恐れおののいたが、当の農夫は、

「こんな小蛇ごとき、何が執念か」

と意地になり、その蛇を煮ると、独りでがつがつ喰ってしまった。

すると、それからというもの、胸の脇のあたりが、どうもしくしくと痛んで仕方ない。

ところが、農夫の気丈なことは大したもので、

「何が祟りなものか」

と言って、一向に怯えた様子もない。そして、灸をおびただしく据えたり、膏薬を貼ったりして療治し、ほんの数日で本復した。

◎頭と尾の争論――「注好選」下巻

昔、一匹の蛇の頭と尾が言い争いを始めた。

双方とも、己が優っていると言って、譲らない。

頭曰く、

「俺様には、目も耳も口もある。どこへ行くのも、頭が先だ。俺様の方が偉いに決まっている」

尾が言うには、

「俺が動いてやらなきゃ、頭は前へ進めまい。俺がその気になって、木の幹に三日ほど絡みついて離れなかったとしたら、どうだ。お前は餌にありつけず、餓《かっ》えて死ぬのが関の山だ」

すると、頭が、

「わかった、わかった。そこまで言うんなら、きっとお前さんの方が優ってるんだろうさ。お前とは、もう一緒には居られない。お前はお前で、勝手に何処へでも行くがいいさ」

と愛想尽かしをしたので、尾は憤然と、

「では、お先に……」

と言って、独りでずんずん進んで行ったが、やがて深い穴へ落ち込んで、死んでしまった。

◎鶏卵を呑んだ蛇――「中陵漫録」巻之五

薩摩国に住む大田氏は、鶏を飼養していた。

大田邸の裏山には大蛇が棲んでおり、時々、出没しては鶏卵を盗んだ。丸呑みした後は、杉樹の幹に長い体を巻き付けてからぐっと絞め、腹の中の卵を割って、中身を摂った。

ある時、大田氏は一計を案じた。

まず、卵の頂きに小孔を開け、中味を吸い出した。そして代わりに煙草の脂《やに》を詰めてから、元の場所へ戻しておいた。

しばらくすると、例の蛇がやって来た。

何も知らない蛇は、いつものように卵を呑むと、杉樹のところまで行き、からみついて腹中の卵を割った。

と、見る間に全身が溶けて綿のようにぐにゃぐにゃになり、ほどなく死んでしまった。

◎小蛇を生む女――「常陸国風土記」那賀郡《なかのこおり》条

茨城の里。ここに兄と妹がいた。兄の名は努賀比古《ぬかひこ》、妹は努賀比咩《ぬかひめ》といった。

ある時、比咩の元に名も知らぬ男が日参して求婚するようになった。やがて二人は結ばれ、比咩は一晩で身ごもった。

お産の月が充ちると、比咩は小蛇を生んだ。

小蛇は昼間は話せないのに、夜になると母たる比咩と話が出来た。比咩とその兄は大いに驚き、

「これは神の子だ」

と確信した。そこで、清らかな杯に小蛇を盛り、祭壇を設けて祀った。

ところが……。

小蛇は一夜のうちに著しく成長し、杯はいっぱいになった。

そこで、平たい皿へ移し替えると、今度は皿の中もすぐにいっぱいになった。

このようなことを三、四度繰り返すうち、とうとう蛇を収めてやれるだけの容器がなくなってしまった。

比咩は蛇に言った。

「あなたの器量を推し量るに、神の子であることは明らかです。ただ、残念なことに、私ども一族の財力では、あなたを不自由なくお育てするのは、無理なようです。そろそろ、お父上の処へ行かれてはどうですか。あなたはもはや、ここにいてはいけないのです」

これを聞いた蛇が泣きながら言うには、

「母上のお言葉は、いちいちごもっともです。しかし、父の元へ参るにしても、兄弟姉妹のい

ない私は独りぼっち。同行して力を貸してくれる者がおりません。誰か付き添わせて下さいませんか」

比咩が答えて、

「あなた以外にこの家にいるのは、私とあなたの伯父である努賀比古兄さまだけです。それはあなただってよくご存じでしょう。あなたに付き添える者などいないのですよ」

こう言われ、蛇は憮然《ぶぜん》として押し黙った。

そして、いざ旅立つという段になって、怒りを抑えきれなくなり、腹いせに雷撃で伯父の命を奪ってから、天へ登り始めた。

兄を殺された比咩は仰天し、傍《かたわ》らの盆を掴《つか》んで投げつけた。盆が蛇のからだに触れると、その呪力のせいで蛇は昇天出来なくなってしまった。蛇は仕方なく、峰に留まった。

蛇を盛った杯と皿は、今も片岡の村に残っている。子孫が社《やしろ》を建てて、祭事を執り行っている。

◎金《かね》は毒蛇なり――「十訓抄」第六

釈迦が阿難《あなん》と伴って歩いていると、誰かが金《かね》を落としていった。

阿難はそれを見て、

「毒蛇なり」

とおっしゃった。

釈迦もまた、

「大毒蛇なり」

とおっしゃって、二人はそのまま通り過ぎて行かれた。

なお、ちょうどその後に通りかかった人は、落ちていたその金を拾い上げて隠匿《いんとく》した。しかし、それがやがて朝廷の知るところとなり、尋常ならざる憂き目をみたという。

◎釘付けにされた蛇――「古今著聞集」巻第二十

摂津国渡辺に、薬師堂という古い堂舎があった。

こけらを葺き替えようと、屋根の上部を取り除けてみると、太い釘を打ち込まれた大蛇が見つかった。身動き出来ぬ状態ではあったが、ともかくもまだ生きていた。お堂が建てられた年を考えると、かれこれ六十余年、釘付けにされたままで生き長らえてきた勘定になる。実に恐ろしいことだ。

◎七歩蛇《しちふじゃ》の怪――「伽婢子」巻之十一

京の東山の西麓、岡崎の南に、かつて岡崎中納言の山荘があった。

今はすっかり荒れ果てて草木生い茂る地となっていたのを、浦井某が買い取り、自邸を建てた。

これを伝え聞き、

「あの場所は妖蛇に祟られているから、住まない方がよい」

と言う人があったが、某は意に介さずに新邸へ移り住んだ。

すると、長さ三、四尺ほどの蛇が五、六匹現れて、天井を這い廻った。命じられた下人が取り捨てようとしたが、蛇どもは鱗を逆立て、鎌首を持ち上げてぎらぎらした目でこちらを睨みつけるので、下人は恐ろしくて手を出せない。

頭にきた某は、杖で蛇を突いて桶へ落とし込み、賀茂川へ流した。

翌日、今度は十四、五匹ほどが現れた。捕まえて捨てると、次の日は三十、また次の日には……とうち続き、しまいには二、三百の蛇が湧いて出てきた。長さは六、七尺で、色も白、黒、青まだら等、様々だった。中には、足の具わった、龍さながらの蛇もいた。

こうした蛇どもが連日のように続々現れ、殺しても取り捨てても、ただ増えるばかりで、きりがなかった。

不審に思った某は、香を焚き幣を立てて、土地の神に建白した。

「正当なる対価を払ってこの地を購《あがな》った私が、何ゆえ妖蛇たちにかくも苛《さいな》まれねばならないのか。世人曰く『地には五帝龍王あり』と。もし龍王がかくの如き変事を知るならば、片時も早く魔を祓い給え」

夜になると、地の底から凄まじい騒擾の物音が響いてきた。

翌朝、屋敷の外に出てみると、巨石の破片が地面に斜めに突き刺さっている。下人たちが怪しんで掘り返してみると、石の下から、長さ四、五寸ほどの蛇が走り出た。不気味なことに、その蛇が通るところだけ、青草がみるみる腐り、枯れていった。そこで、皆で素早く打ち殺した。よく見ると、蛇には小さな耳と四本の足があった。鱗の間は金色で、小龍のようだった。

南禅寺の僧が来て言うには、

「これは七歩蛇という恐ろしい毒蛇だ。咬まれた人間は、歩いて七歩で、絶命してしまう。仏典にも載っておるわい」

この後、蛇の妖異は止んだ。思うに、あの無数の蛇どもは、七歩蛇の妖気が地から湧いたものだったのだろう。

「蛇」
奈良井土鈴／長野県

馬の章

午《うま》

平住専庵
「唐土訓蒙図彙」（1802）より
〈甲午神将名衛玉卿〉

◎鞭《むち》打たれた僧――「今昔物語集」巻第三十一第十四

今は昔、仏道修行の旅僧三人が、四国の僻地の山中で道に迷った。

さんざんに歩いたが道も方角もわからず、

「このまま山中で野垂れ死にか……」

と諦めかけた時、ふいに広い平地へ出た。見れば、家が数軒、立ち並んでいる。

早速、その内の一軒の戸口まで行き、

「どなたか居られませぬか。私たちは旅の僧なのですが、道に迷って難儀しております」

と声をかけた。すると、中から、

「少々、お待ちを」

と声がして、家人が出て来た。齢六十ばかりの僧であったが、見るからに怪しい雰囲気の男だった。

旅僧たちは一瞬、たじろいだが、

「野垂れ死ぬかどうかの瀬戸際に、贅沢を言ってはおられん」

と肚《はら》をくくり、

「どうか暫時《ざんじ》、休ませては頂けないでしょうか」

と申し出ると、男は三人を縁先に座らせ、しばらくすると食膳まで用意してくれた。

「見かけは怖いが、どうやら悪い人ではなさそうだ」

と三人は安堵し、出された料理を平らげ、ひと心地ついた。

ところがしばらくすると、男は恐ろしい形相に変じ、従者に、

「例の物を持ってこい」

と命じた。

言われた従者が奥から持ってきたのは、いわくありげな馬の手綱と鞭だった。

男が、

「さあ、いつもの通り、取り掛かれ」

と言うと、従者はいきなり旅僧の内の一人を縁先から引きずり倒し、地面に転がった旅僧の背中を鞭で叩き始めた。旅僧は悲鳴を上げ、助けを求めたが、従者は止めない。残りの二人は怖気づいてしまい、ただ座視するほかなかった。

従者はきっちり五十度叩くと、いったん鞭を振るうのを止めた。そして、僧の衣を剥ぐと、今度は剥き出しの背中を鞭で叩き続けた。今度も、ちょうど五十度だった。

僧は激痛にうめき、起き上がることも出来ない。ここで男が、

「よし、引き起こせ」

と声をかけたので、従者が言われた通りにすると、僧はみるみる馬へ化し、胴震いして立ち上がった。従者はさきほどの手綱を馬にかけ、そこらに繋いだ。

続いて同じ段取りで、二人目の僧も、あれよあれよという間に、馬にされてしまい、手綱をかけられた。

無論、三人目の僧も、生きた心地がしなかった。心の中で、日ごろの信仰するご本尊に、

「どうかお助けを……」

と熱心に祈請した。

すると、男は、

「そいつはしばらくそのままにしておけ」

と従者に命じて、その場からいなくなった。

僧がぶるぶる震えながら縁先に座っているうちに、日が暮れてきた。男が戻って来て、

「裏の田に水が張ってあるか見てこい」

と言う。見に行ったついでに逃げようかとも思ったが、方角も道もわからぬのだから、早晩、捕まるに決まっている。どうしようか迷って決心がつかぬまま、結局、田の様子を見に行って、

そのまま戻って来てしまった。

「どうだった?」

と男が問うので、

「水はありました」

と答えると、

「そうか」

と言って、奥へ引っ込んだ。

しばらくすると、家の中が静かになった。連中は寝静まったらしい。僧は、
とばかりに、思い切って駆け出した。山中をただやみくもに走った。

「一か八かだ」
五、六町も走っただろうか。また一軒の家があった。
「こことて、ろくな場所であるまい」

と走って通り過ぎようとすると、表に立っていた女が、

「あなたはどちらさまですか。どこから来られましたか」

と呼びかけてくる。

僧は立ち止まり、自分が逃げて来た訳を滔々《とうとう》と説明し、

「どうか、この身をお助け下さい」

と懇願した。

気の毒がった女は、僧を家の中へ請じ入れると、語り始めた。

「実は、私はあなたのおっしゃる男の妻なのです。夫の悪事は昔から存じておるのですが、非力な私には、止めさせることが出来ずに今日まで暮らしてきました。ちなみに、あなたに田を見に行かせたとおっしゃいましたね。それはきっと、あなただけは、馬へ変えずに殺して、田を掘って埋めるつもりだったからでしょう。ああ、なんということ……。ええい、そうだわ。これも何かのご縁ですし、あなた様だけは、何とかお助けしたいと思います。ここから、少しばかり下った処に、私の妹が住んでいます。あなたの命を救えるとしたら、あの子だけです。一筆したためますから、少々、お待ちを」

と奥へ引っ込み、手紙を急ぎ書き上げて、僧へ渡した。

僧は、手紙を受け取ると女を伏し拝み、教えてもらった方角へ一目散に駆け出した。

やがて、言われた通り、一軒の家が見えてきた。家人に手紙を渡して案内を請うと、その家の女主人が請《しょう》じ入れてくれた。女は言った。

「姉からの手紙を拝見しました。姉がここまで言うのですから、あなただけは特別にお助けしましょう。ですが、実はここはここで、恐ろしいことが起きるのです。それをやり過ごすまで、私が出て来てよいと言うまで、奥の一間《ひとま》に隠れていて頂けますか」

僧は慌てて奥の一間に身を潜めた。

やがて、辺りに異臭が漂い始めたかと思うと、何か得体の知れないものが、家の中へ入って来たような気配がした。洩れ伝わってくる物音からすると、そいつはこの家の女主人と何やら言葉を交わしているらしかった。そのうちに、男女がまぐわう声が聞こえ、それが止むと、得体の知れないそいつは、何処かへ去って行った。

僧は、

「あれは鬼か何かに違いない。とすると、ここの女主人は鬼の情人だったのか」

とおののいた。

しばらくすると、女が僧の元へやって来て、里へ出る道を教えてくれた。女は、

「あなた様は本当に運がよくていらっしゃる。せっかく助かったお命、くれぐれも大事になされませ」

と言った後、

「恩を売るわけではないのですが、命をお助けしたあなた様に、ひとつだけお願いがございます。山中で私どものような者と行きあったことは、くれぐれもご内密に」

と申し添えた。

僧は姉の時と同様に彼女のことも伏し拝むと、指示された通りの道を進んだ。

そして、ようやくのことで、人里へ帰り来た。

助かった嬉しさも手伝い、僧は例の約束を反故《ほご》にして、今回自分の身に起きた恐ろしい出来事を会う人会う人に語って聞かせた。

話を聞いた人の中には、

「俺は腕には覚えがある。ここは一番、仲間を大勢集めて、鬼退治に乗り出すか」

と物好きなことを言い出す輩も居たが、なにせ場所がはっきりわからないのだから、どうしようもなかった。

それにつけても、人間を馬に変えてしまうとは、恐ろしい所業だ。その場所こそ、世に言う畜生道だったのかも知れぬ。

◎提馬風《だいば》のこと――「伽婢子」巻之十

関八州には、「鎌鼬《かまいたち》」と呼ばれる妖異がある。

辻に突如、つむじ風が生じたかと思うと、旅人を襲う。襲われた者は、股のあたりを縦にざっくりと切られる。剃刀で切ったような傷口で、中の肉さえのぞくが、それほど痛くない、また、血も出ない。何とやらいう特別な草を揉んで傷になすりつけると、一夜にして癒えるらしい。「えらくきついつむじ風だな」と思っているうちにやられてしまうのだが、不思議なことに、歴《れっき》としたお侍が傷を被ったことはない。やられるのは、貧富にかかわらず庶民ばかりである。

さて、尾張、美濃、駿河、遠江、三河の諸国では、「提馬風《だいば》」という妖風が知られている。里の者が馬に乗り、あるいは馬を曳いて街道を往くと、突然、旋風が起こり、砂を巻き込んで輪が生ずる。輪は段々大きくなり、馬の真上まで昇って、なおも廻り続ける。

すると、馬のたてがみが逆立ち、そこを目掛けて糸のように細い赤光が射したかと思うと、馬は後肢だけで竿立ちになって嘶《いなな》き、どうっと倒れて絶命する。そして、馬が死ぬや否や、例の風は、何事もなかったように吹き止んでしまう。この風の正体を知る者はない。

ちなみに、風の輪が廻り始めた時、刀を抜いて白刃で馬の頭上を薙ぎ祓い、光明真言《こうみょうしんごん》を唱えれば、馬は助かるという。

◎馬の悪態——「想山著聞奇集」巻之五

天保九年（1838）四月八日のこと。

東海道藤澤宿の荷馬は、馬子に曳かれて平塚宿まで荷を運んだが、あいにく同宿で他の馬が払底していたので、荷を積んだままで、更に先の大磯方面まで歩かされる羽目になった。

途中の化粧坂《けわい》で、大磯宿から曳かれてきた馬と出くわしたので、馬子たちは、これは好都合とばかりに談合し、荷物を付け替えてそれぞれの宿へ早く戻る算段をした。

ところが、大磯から運ばれて来た荷がはなはだ重かったので、藤澤宿の馬子は、

「こりゃあ、荷が重過ぎて、うちの馬に乗せるのは無理じゃ。荷の付け替えは止めにするべ」

と言った

すると、大磯から来た馬子某がそれに返事をするより先に、馬が、

「毎日毎日、重い荷を背負わせやがって……。お前、ろくな死に方をしないぞ」

と某に毒づいた。

この馬の言は、二人の馬子のみならず、近くにいた他の人たちにもはっきり聞えたので、たちまち両宿で噂となった。

さらに、

「某が日ごろ馬を酷使しているから、こんなことが起こったのだ」

と某を誹《そし》る人も出て来たので、某はいたたまれなくなり、夜には逐電《ちくでん》してしまったという。

◎**幻術使いと馬**――**「今昔物語集」巻第二十八第四十**

今は昔、七月ごろ。

大勢の下衆《げず》たちが馬数頭に瓜を山ほど積んで、大和国から京へ上ろうとしていた。

彼らは、途中、大きな柿の樹の下で、暫時、休息をとった。

馬の背から重い瓜の駕籠を下ろしてやり、自分たちは瓜を数個抜き出してかぶりつき、喉を潤していた。

そこへ、杖を突いた下駄履きの翁が、弱々しく扇を使いながらやって来た。

翁は、

「喉が渇いて仕方がないのじゃ。すまんが、瓜をひとつ頒けて下さらぬか」

と請うた。

しかし、下衆たちは、

「これはさる御方への献上品だから、くれてやるわけにはいかぬ」

と突っぱねた。

すると、翁は、

「やれやれ、冷たい方々じゃ。困っている年寄りを見かけたら、それはお気の毒に、と言って、手を貸すものじゃよ……。まあ、よいわ、仕方がない。くれぬというなら、わしは自分で瓜をこしらえて、食べることにしよう」

と言い出した。下衆たちが、

「訳のわからぬことを言う爺さんだ」

と笑ううち、翁は木切れを拾うと、足許の地面を掘り返して畑のようにした、そして、下衆たちが先刻喰い散らした瓜の種をいくつかつまんで、そこへ撒いた。

すると、どうだろう。種は芽吹き、双葉が出たかと思うと、あっという間に生え拡がり、どんどん茂って花が咲いた。やがて、沢山の瓜の実がなり、美味そうに熟した。

下衆たちは驚きおののいたが、生《な》った瓜を頬張る翁が、

「わしの瓜もなかなかうまいぞ。さあさあ、遠慮せずに、皆の衆もお食べなされい」

と勧めるものだから、言われるままにむしゃぶりついた。

やがて、皆が食べて終わると、翁は、

「さて、そろそろ帰る時分じゃ」

と言って、去って行った。

ややあって、一同は、

「さあて、そろそろ出立するか」

と思い、荷を馬の背へ積み戻そうとした。

ところが、籠はあるのに、中身の瓜がひとつもない。

「さては」

とくやしがったが、後の祭り。例の翁の術にかかって、瓜をひとつ残らず失ってしまったのだった。一行は、空荷《からに》の馬たちを曳いて、すごすごと大和へ帰って行った。

翁の正体も行方も、わからない。

◎物を言う馬——「伽婢子」巻之十三

延徳元年(1489)三月、京の征夷将軍源義煕《よしてる》は、佐々木判官高頼《たかより》を攻めるべく、兵を率いて江州《ごうしゅう》へ下り、栗太郡鈎里《くりもとのこおりまがりのさと》に陣を据えたが、ここにきて重い病に罹《かか》り、臥《ふ》せってしまった。

二十五日の夜のこと。

馬屋に居並ぶ馬たちの内、芦毛(白毛に茶や黒の差し毛あり)の馬が、

「持ちこたえて欲しいと思ったが、駄目であったか」

と、人語を発した。

すると、隣にいた川原毛(たてがみや背は黒いものの、他は白毛)の馬が、

「気の毒なことだ」

と呟いた。

馬の前には、中間《ちゅうげん》、小者《こもの》たちが大勢いたが、皆、そのやり取りをしかと耳にして、薄気味悪いこともあるものだと、怖れおののいた。はたせるかな、翌日、義熙は逝去した。

◎馬殺しの報い——「今昔物語集」巻第二十第二十八

今は昔、河内国に住む石別《いしわけ》は、瓜作りで生計を立てていた。

ある時、馬の背に瓜を山積みにして売りに行こうとしたのだが、瓜のあまりの重さに、馬が途中で立ち止まってしまった。石別は、

「ぐずぐずするな!」

と怒り狂い、何度も殴りつけた。

馬は、大きな目からぽろぽろと涙をこぼした。

しかし、石別はそんなことはお構いなしに、馬に荷運びを続けさせた。

やがて、どうにかどうにか目的地まで辿り着き、瓜を商《あきな》うことが出来たけれど、不甲斐ない馬への怒りは収まらない。そこで、石別はとうとう馬を殺してしまった。

非情な石別にとって、馬殺しなど朝飯前だった。何頭もの馬が、石別に散々こき使われた挙句、殺され、打ち捨てられた。

さて、ある日のこと。

石別が家で釜に湯を沸かしていた。

そして、何気なく釜を覗き込んだ刹那、石別の両の目玉がすっぽりと抜け、熱湯の中へぽとりと落ち込んで、あっという間に煮茹でられてしまった。

人々は、

「それはきっと、度重なる馬殺しの報いだろう」

と噂した。

◎馬、足を損ねる――「古今著聞集」巻第十

尾張国の力士、おこまの権守《ごんのかみ》が宮仕えしていた、若い頃の話。

ある時、当時の主人が行幸供奉のため参内するというので、権守も付き随った。

ところが、少々遅参したので、官人たちの詰所のあたりは、他の者たちの牛車や馬で大層な混雑だった。

権守の一団が、それを掻き分け掻き分けしながら進んでいると、ある舎人が、

「そらそら、気を付けなされ。ぼやぼやしていると、この馬に踏まれて、怪我をなさいますぞ」

と声を荒げた。

これを聞いた権守は、顔色ひとつ変えずに、主人よりも先に進み出て、

「その馬を早々に後ろへ下げられよ。怪我をするのは、馬の方であるぞ」

と警告したが、舎人は無視して、

「ほれほれ、怪我をするぞ、危ないぞ、そこを退け」

と繰り返すばかり。一向に、馬を下げる気配を見せなかった。

そのうち、権守が、さやさやと狩衣の衣擦れの音をさせながら、馬の尻すれすれの処を通ったので、案の定、馬は足を上げて、権守を踏んだ。

しかし、権守は平然としている。他方、馬は足を傷めて、激痛のあまりその場にべたりと臥してしまった。

権守は、

「それ見られよ。怪我をするのは馬の方だぞと、あれほど申したのに……」

と呟きながら、通り過ぎて行った。

権守の体が馬に擦れたか擦れぬかという程度にしか見えなかったのに、実際には、馬は足を損するほどの衝撃を受けていた。

恐るべき怪力の持ち主であった。

◎**安義橋《あぎのはし》の鬼**――「今昔物語集」巻第二十七第十三

今は昔、ある日、近江国司の館に血気盛んな若者たちが集い、酒を喰らい、碁や双六を打ち、四方山話《よもやまばなし》に花を咲かせていた。

そのうち、ある者が言った。

「おまえたち、安義橋《あぎのはし》の噂を聞いたことがあるか。以前は普通に人が往来する橋だったのに、最近では、どういうわけか、無事に渡りおおせた者がいないらしく、誰も寄り付かぬという話だ」

すると、これを聞いた口八丁手八丁のお調子者が、

「フン、馬鹿馬鹿しい。他ならぬ俺様が、そんな橋くらい渡ってやるさ。どんな変化《へんげ》が出るか知らないが、この御館《おやかた》の鹿毛《かげ》（体毛は茶褐色、尾や四肢の下部等は黒毛の馬）の名馬に乗って行きさえすれば、わけのないことだ」

と豪語した。

周囲の者たちが、

「おお、そりゃぁ、大したものだ。実は、悪い噂が立ち始めてからというもの、俺たちもどうも薄気味悪くて、あの橋を通らずに、いつも遠回りしていたんだ。不便で仕方がなかった。お前が実際に橋を渡って、噂の真偽を確かめてきてくれたら、大助かりだ。それに、お前が胆の据わった男だ、という証にもなるぞ」

と面白がって囃《はや》したてた。

騒ぎを聞きつけ、国司が奥の部屋から出て来た。

話を聞いた近江守は、

「それならば、何も遠慮せずともよい。わしのあの馬を貸してやるゆえ、あれに乗ってすぐに

橋を渡って来い」

と申し渡した。

男は思わぬことに当惑して、

「橋のことは、我々下賤の者同士の、ほんの戯言《ざれごと》でございます。どうかお聞き流し下さい」

と逃げ腰になった。一同は、

「今更、何だ、卑怯者め。おい、正直に言え。行くのが恐ろしくなったのだろう」

と責め立てた。

男は、

「滅相もない。何が怖いものか。ただ、安義橋にかこつけて国司様のお馬に乗りたがっていると思われるのが、心外なだけだ」

と屁理屈をこねたが、後の祭りであった。

一同は、馬を厩《うまや》から曳き出して鞍《くら》を載せ、準備万端整えて、男を促した。

男は、橋のことを思うと胸も潰れる思いであったが、なにせ自分が言い出したことなので、仕様がない。

そこで、何の思案かは知らねども、馬の尻に油をたっぷりと塗りつけ、腹帯《はらおび》はきつめに締め、自分は身軽な出で立ちで、鞭《むち》の紐に手首を通して握りしめると、馬にまたがって、橋へと出立《しゅったつ》した。

男は不安に駆られたが、こうなっては引き返すわけにもゆかず、暗澹《あんたん》たる思いで馬を進めた。

人里離れた橋にさしかかった頃には、もはや日が暮れんとしていた。

さて、ふと見やると、橋の真ん中に、何者かがぽつねんと佇《たたず》んでいた。

男は、

「さては、あれが噂の鬼か」

と怖気《おぞけ》をふるったが、近づいてよくよく見れば、柔らかげな紫の衣をまとい、紅《くれない》の袴《はかま》を履いた美女であった。

まるで誰かに置き去りにされたかのように寂しげであったが、男の姿を認めると、ほっとした様子で、悩ましげな視線を送って来た。

男は、ひと目で女に魅了され、先刻までの怖さも忘れてしまった。今にも馬から飛び降りて抱き寄せたい衝動に駆られたが、すんでのところで、我に返った。

「いや、待てよ。このような淋しい場所に、美女が独りでいるとは、怪しいことこの上ない。おそらく、こいつの正体は鬼であろう。このまま通りすぎる方が、身のためだ」

そこで、ぎゅっと目を閉じ、声もかけず、乗馬のままあわてて通り過ぎようとした。

拍子抜けした女は慌てて、

「もおし、そこの殿方。どうして、そんなにつれなく去って行かれるのですか。私は、思いもよらぬ仕儀で、このような場所にうち捨てられてしまったのです。どうか、後生ですから、人里まで連れ帰って下さいまし」

と呼びかけたが、男は耳を貸さなかった。却って怖さが募り、馬に鞭をあてた。馬は飛ぶように走った。

すると、後ろの方で、女が、

「なんとも、つれない御方じゃのぉ」

という凄まじい叫び声を上げたかと思うと、男をめがけて追いかけてきた。

男は、

「やはり、鬼であったか。観音様、どうかお助け下さい」

と念じながら、馬を駆った。

馬は、あらん限りの力で疾走した。

にもかかわらず、鬼は、猛追してきた。鬼は何度も手を伸ばし、なんとか捕まえようとしたが、馬の尻には油が塗ってあるため、掛けた手がつるつると滑り、どうしても掴《つか》むことが出来ない。

振り返って見やると、鬼はすぐそこだった。大きな朱色の顔で、琥珀《こはく》色の一つ目だった。背丈は九尺（約二・七メートル）ほどであろうか。胴体は緑青《ろくしょう》色。指は三本しかなく、先端には長さ五寸（約一五センチ）ほどの鋭い爪が光っていた。

男はひたすら観音様のご加護を念じて、馬を駆った。

そのうち、願いが聞き届けられものか、男は人里までたどり着いた。鬼は、

「このままでは済まさぬぞよ。憶えておれ」

と言い残すと、かき消すように消え去った。

その後、男は無我夢中で館へ戻った。

気を失いかけたところを仲間に介抱され、ようやく正気づいた。

そして、問われるままに、一部始終を話して聞かせた。

国司は、

「そちは、つまらぬ強がりがあだとなって、あやうく命を落とすところであったのだぞ。なんにせよ、無事で何よりじゃ」

と言葉をかけ、駿馬《しゅんめ》をそのまま男へくれてやった。

男は馬を連れて帰宅し、妻子や一族の者たちに、この日の出来事を話して聞かせた。

さて、しばらくすると、男に霊告があった。

陰陽師《おんみょうじ》に占ってもらうと、

「今から申し上げる日は、厳重に物忌《ものい》みなされよ」

とのことだった。

さて、くだんの日。

男は言われた通り、門扉《もんぴ》をかたく閉ざして物忌みをした。

ところが……。

ちょうどその日に限って、弟が屋敷に訪ねて来た。弟は陸奥守《むつのかみ》の臣下であったのだが、任国《にんごく》から都へ戻り、兄に会いに来たのだった。

弟は案内を請《こ》うたが、屋敷の中からは、

「今日ばかりは、誰も屋敷へは通せぬ。物忌みの最中なのだ。今宵は何処《どこ》かで誰かに泊めてもらい、明朝、もう一度、出直してきてくれ」

との声がした。

弟は、

「それは困ります。もはや日暮れですし、荷物も多いのです。それに、ご存じないかも知れませんが、任国へお連れしていた母上様が、かの地でお亡くなりになったのです。詳しくお話したいので、ともかく中へ入れて下さい」

と懇願した。

この数年、ずっと案じていた老母が亡くなったと聞かされて、男は驚愕した。そして、

「過日の霊告は、この一事を指していたのか。そして、今日の物忌みは、弟から母の訃報を聞くための、天の配剤であったのだな」

と嘆き悲しみ、従者に命じて、弟へ中へ入れてやった。

弟に食事を摂らせてやってから、事の詳細を聞いた。

弟は黒い喪服に身を包み、涙ながらに話した。男も涙に暮れた。

しかし、それもつかの間、やがて二人は取っ組み合い、激しく争い始めた。

男の妻は、簾《すだれ》の内で二人の話に静かに耳を傾けていたが、いきなり二人が乱闘を始めたので、おろおろした。

そのうちに、男が弟を組み敷き、妻に、

「枕元の太刀をよこせ」

と叫んだ。

ところが、妻は事情が呑み込めぬから、

「あなた、気でも狂ったのですか。実《じつ》の弟さま相手に、何をなさるおつもりですか」

とたしまなめた。

男は苛立ち、

「ええい、早くよこさぬか。お前は夫が殺されてもよいのか」

と叫んだが、そうこうするうち、それまで組み敷かれていた弟が、逆に男の上に乗っかって
ねじ伏せかと思うと、男の首をぶっつりと喰い切った。

男の妻の方を振り向いたその顔は、もはや弟ではなく、鬼のそれであった。

妻はこの時、初めて、

「ああ、夫が安義橋で出逢ったという鬼は、こいつなのだわ」

と心づいたが、手遅れだった。

鬼は、あっという間に姿をくらましてしまった。

あとに残されたのは、男の死骸と、鬼が運んできた荷だけだった。

荷の中身をあらためてみると、動物の骨や髑髏《どくろ》がざくざく出てきた。

ちなみに、安義橋では、その後、さまざまな祈祷が行われた。

このため、さしもの鬼も退散したらしく、今では支障なく通行出来るという。

◎人を馬と為《な》す――「宝物集」巻第一

天竺、安族国《あんぞくこく》の王は筋金入りの馬狂いで、何千頭もの馬を飼養していた。

馬への過度の偏愛のせいか、王はいつしか、人間を馬に変える術を会得した。

さて、某がこの安族国を訪れた時のこと。

宿に入ると、そこの親爺が言った。

「お前さん、せいぜい気をつけなされや。恐ろしいことに、この国では、うかうかしてると人間が馬に変えられてしまうでな。ついこの間、ここらで見かけた馬も、元は旅の商人だったという話だ」

これを聞いて、某は愕然とした。

「父が安族国で消息を絶ったとの噂を聞いてここまで来たが、ひょっとすると、父も馬に変えられてしまったのでは？」

そこでさらに詳しく訊ねてみると、親爺の言うには、

「なんでも、畢婆羅草《ひっぱらそう》という、葉の細い草があって、これを人間に食わせると、馬に変わっちまうんだと。ところが、遮羅婆草《しゃらばそう》という、広い葉の草をその馬に食わせると、今度は元の人間へ戻るという寸法だ」

「親爺さんが見かけたって馬は、どんな馬でした？」

「さあて……。確か栗毛で、肩のところに斑《まだら》があったっけか」

某は、親爺が教えてくれた処へ行き、肩に斑のある馬を捜した。

その馬は、某と目が合うと、にわかに涙を流して嘶《いなな》いた。まちがいない。自分の父親の変わり果てた姿だ。

そこで、前もって摘んできた遮羅婆草を人目を盗んで食わせると、馬は元の父の姿に戻ったので、本国へ連れ戻ったという。

◎**土中の馬骨**——「**奇遊談**」**巻之三上**

鳥羽街道の南、小枝《こえだ》橋の更に南には、人家がぽつぽつと立ち並ぶ。その小枝集落の東、道の傍らに小さな岡がある。

かつてこの一帯には鳥羽離宮があり、その庭には四季の山が築かれたが、この岡は、その内の秋山《あきのやま》の跡だという。

さて、七、八年前、この岡を掘っていると、馬一頭の骨が出土したという。奇妙なことに、馬は立った姿で埋められており、その骨格は、当節の馬を遥かに上回っていた。他に、古瓦や古陶器も一緒に埋められていた。離宮の主が築山にわざわざこのようなものを埋めさせたとも思えないから、後世の誰かの仕業であろうか。

ちなみに、かつて法然上人が流罪に処せられた折に船出したという鳥羽の南門は、このあたりらしい。ただ、今では池は埋もれ、土盛りも削られて、秋山のみが昔を偲ぶよすがである。

ところで、小枝橋は、今でこそ土橋《つちはし》だけれども、ごく最近までは板橋《かりばし》だった。そういえば、以前、富小路《とみのこうじ》高辻傍にあった古銅商《ふるかね》の店先には、「山城国小枝橋」の銘の入った銅製の擬宝珠《ぎぼし》が置いてあった。後日、もう一度、見に行ったら、もう見当たらなかった。

小枝橋も昔は、高欄擬宝珠を具えた立派な橋だったのだろう。

◎馬上で歌うな――「今昔物語集」巻第二十七第四十五

今は昔、宮廷に仕える男がいた。神楽の舎人《とねり》でも務めていたのか、歌がすこぶる巧かった。

ある時、男は、仕事で東国へ下った。

陸奥国から常陸国への山道を進み、焼山関《たきやまのせき》（現在の茨城県、関戸神社付近）にさしかかった。

男は、旅の疲れからか、馬上で、ついうとうとと居眠りをしてしまった。

しばらく進むと、はっと目が覚めた。辺りを見回し、

「ここらは、常陸国の山奥だな。思えば、遠くまで来たものだ」

と感慨にふけるうち、なんだか無性《むしょう》に心細くなってきた。周囲はやけに静かである。

淋しさを紛らわそうと、男は己で拍子をとりながら、常陸歌《ひたちうた》（宮廷で歌われた神楽歌の一種）を数度、繰り返し歌った。

すると、山の遥か奥の方から、

「見事なり、見事なり」

と、手を打ち、讃嘆する声が響いてきた。ぞっとするような声だった。

男はぎくりとして馬を止め、従者に、

「今のを聞いたか。一体、何者の声だ？」

と訊ねた。

ところが、従者は、

「声とは、何のことでございましょう？　私には何も聞えませんでしたが……」

と、怪訝《けげん》そうな顔をする。

男は身も凍る想いで、馬を進めた。

さて、その後、宿に着いた男は急に病み臥し、寝間で眠ったまま亡くなった。

思うに、深い山中で歌をうたうのは禁物である。山の神がさらなる歌唱を所望するあまり、歌い手の魂を山に引き留めてしまうからだ。

まして、先の男が歌ったのは、常陸国の歌だった。地元の山の神に魅入《みい》られてしまったのも当然であろう。

◎塊の中身──「古今著聞集」巻第十七

建保年間（1213〜1219）のこと。

御湯殿の女官、高倉には、七歳になる息子がいた。名をあこ法師といった。

ある日、あこ法師とその遊び仲間数人は、相撲をとって遊ぼうと、小六条（鳥羽、近衛天皇の居処跡）へ出向いた。夕暮れ時だった。

すると、彼らの背後の築地塀《ついじべい》の上方から、得体の知れぬ、垂れ布のような物が降りて来て、覆いかぶさったかと見る間に、あこ法師の姿が見えなくなってしまった。他の小童たちは怖れおののいて、その場から逃げ帰った。

報せを聞いた高倉は驚愕し、心当たりの場所をくまなく捜したが、手掛かりひとつ見つからなかった。

さて、数日後の夜半。

高倉の屋敷の門を無遠慮に何度も叩く音がする。

高倉は怪しみ、門を直ぐには開けず、中から、

「どなた様で？」

と訊ねると、

「お探しの子どもを返してやろう。この門を開けい」

と声がした。

怯えた高倉が開けずにいると、今度は外から大勢の高笑いが聞こえ、家の廊下の辺りへ、重い塊がどさりと投げ込まれた。

と、その途端、謎の声の主たちは去って行った。

灯火をともし、音のした方へ駆け寄って見ると、黒っぽい塊が転がっていた。ぐったりとし

て身動きもしない。これは何なのか。本当に我が子なのか。かろうじてまばたきはしているから、なんとか生きてはいるのだろう……。

我が子の変わり果てた姿に打ちのめされた高倉であったが、気を取り直し、すぐに験者や巫《みこ》たちを請じて、祈らせてみた。

祈祷しながら、験者たちが例の塊の表面をこそぐと、ぼろぼろと何かが剥がれ落ちる。よく見れば、なんと馬の糞であった。それから剥がしに剥がすと、盥《たらい》三杯分にもなった。

御蔭で、あこ法師は元の相貌を取り戻した。

ただ、旧に復したのは外見だけで、それ以降、物を言うことも叶わず、廃人の如《ごと》き有様で暮らした。

ちなみに、ある人は、

「俺が見かけた時は、おそらく十四、五歳くらいだった。その後、どうなったかは知らない」

と言っていた。

◎**馬の角(一)——「注好選」上巻**

燕丹《えんたん》は、秦代の武将である。若年のうちに父母の元を去り、秦王に付き従って生涯を送ってきたので、老年に至るまで親たちには会えずじまいだった。

そこで、燕丹は帰郷を願い出たが、秦王は、

「烏の頭が白くなり、馬の頭に角が生えでもしない限り、帰郷は許さぬ」

と峻拒《しゅんきょ》した。

これを聞いた燕丹が天を仰いで慨嘆《がいたん》したところ、何処からか頭の白い烏が飛び来たり、地に臥して悲嘆にくれると、馬の頭に角が生じたという。

◎馬の角（二）――「信濃奇談」巻の上

芝尾村（長野県伊那市）のある家は、馬の角を秘蔵している。

享保の頃にその家で飼われていた馬の頭に生えた育ったもので、三年の間、年に一回の割合で抜け落ちて生え替わったのだという。

◎それを食ったが運の尽き――「奇異雑談集」巻三の三

丹波国の某郡の山裾に、大きな屋敷が一軒、建っていた。近隣には人家はない。

数十人が住んでおり、暮らし向きは良さそうだった。農家でも商家でもなく、職人でもない。

何で生計を立てているのか、人々は常々不思議がっていた。

もうひとつ、不思議なことがあった。

何処で馬を仕入れてきたわけでもないのに、良馬を売って金にしていたのである。一か月に二、三頭も売りに出すこともあった。

さて、この屋敷は街道沿いだったので、時折、旅人が泊まることがあった。

人々が声をひそめて噂した。

「あの屋敷の亭主は、秘術を操り、人間を馬へ変えてしまう。それを売って儲けているのだ」

さて、ある時、この屋敷へ六人の旅人がやって来て、宿を請うた。五人は俗人で、一人は修行僧だった。

亭主は快く請じ入れ、夜具を六組、出して、

「さぞやお疲れでしょう。さあ、もうお休み下さい」

と声をかけた。

俗人たちはさっそく寝入ってしまったが、僧はこの土地へ来る前、丹後辺りで悪い噂を聞いていたので用心していた。寝間に入らずに座敷の奥に坐して、垣の隙間から様子を窺った。

屋敷の者たちは、やけに忙しそうだった。小刀で垣の隙間をこじ開けるようにして覗くと、

馬角

芝尾村のある家より馬角なりとて所持せしが享保のはしめの頃にて飼ける馬に年をへて角を脱てるまた生しぬれば燕乃太子丹か秦に質たりし時馬に角を生せハ國に還さんといひしハ世にいふところなりけれハ西漢文帝十二年成帝綏和二年なとに晋武帝大康元年馬乃角を生せし事彼史に見ゆ　本邦にても馬角ありて珍宝とし身延山等にもありといふ（身延山にありといふ）なりし呂氏春秋より人君失道馬生角また京房易傳にも臣易上政不順馬生角とみえたれは天禎祥乃そのにもあらずて

寛永年中武州江戸に駿馬あり耳のあたに角を生す長二寸余ありしを阿部對馬守重次より馬角一雙を日光山　東照太神宮の寳庫に進呈すと羅山文集にみえたるなとし漢語故事にもあり

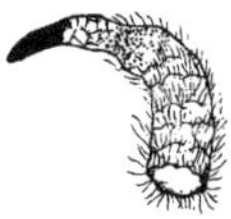

降毛

「信濃奇談」より〈馬角〉

畳の台のようなものが据えてあり、一面に土が入れてあった。そこへ誰かが種を撒き、上から菰《こも》を被せた。傍らでは飯や汁が炊かれ、鍋には湯が沸いていた。

しばらくして、

「もうよかろう」

とばかりに菰がめくられると、青々とした草が二、三寸、生い繁っていた。その葉は、蕎麦に似ていた。

葉は摘まれ、湯で煮られて蕎麦のように和えられ、椀へ入れられて、飯と一緒に膳の上に並べられた。

「お食事の用意が整いました」

という声で俗人たちは起き出し、食べ始めた。

「珍しい蕎麦料理だなあ」

と言いながら、がつがつ平らげた。

しかし、僧は、食べたふりをしただけで、椀の中身は隅の簀子《すのこ》の下へ捨てた。

食事が済むと、亭主は次に風呂を勧めたので、一同は喜んで入った。

けれども、僧は一緒に入るふりをして脇へ逃れ、厠《かわや》の中へ隠れた。

ほどなく亭主は、風呂の戸を外から釘づけにして、中の者たちを閉じ込めた。

僧は暗闇に紛れて厠から出て、風呂の簀子の下へ潜り込んで、じっと息をひそめていた。

やがて亭主が、

「もういい時分だ。戸を開けろ」

といって家人に釘を抜かせ、戸を開けさせた。

すると、中から馬が一頭、いななきながら走り出た。庭の門は閉まっているので、そこらを走り回る。次に一頭、またもう一頭……とうち続き、合計五頭になった。

「最後の一頭も早く出ませい」

と言って、灯りを持った家人が風呂の中を覗きこんだが、馬はいない。

「ややっ、あとの一人は何処へ行った」

と驚く隙に、僧は簀子の下から飛び出し、裏山へ逃げ込み、走りに走った。

翌日、国の守護所へ駆け込み、上訴したところ、守護は、

「けしからぬことだ。噂はやはり本当であったか。このままには捨ておかぬ」

と言って手下を引き連れ、屋敷へ踏み込むと、亭主や家人を尽《ことごと》く打ち殺した。

◎馬の画の秘密——「古今著聞集」巻第十一

仁和寺は御室《おむろ》の御所とも呼ばれ、宇多法皇の御座所であった。

そこには、名手、巨勢金岡《こせのかなおか》が描いた馬の図があった。

その頃、近隣の田では、稲が食い荒らされる事件が相次いだ。何者の仕業か、皆目わからなかった。

ある時、御所を訪れた人が、画の中の馬の足が泥で汚れていることに気付いた。それが度重なるので、

「ひょっとすると、この馬が田を荒らす犯人なのかも知れぬ」

と疑う者が出てきて、画の馬の目をほじっておいた。

すると、田の被害は止んだという。

◎悪いのはお前だ——「沙石集」巻第九之十五

都でひと合戦ありそうだというので、ある坂東武者が馬を数頭引き連れて、上洛の途についた。

道中、特に目をかけている愛馬に向かって、

「汝、畜生の身なれどもよく聞けよ。いざ合戦ということになれば、わしは、お前の背に乗っ

て、ご主君の元へ馳せ参じようと思っている。お前には他の馬よりも餌を沢山くれてやるから、いざという時にはぬかるなよ」

と言い聞かせた。

そして、従者にその旨を申し渡し、餌代を余分に与えておいた。

やがて一行が都入りするや、例の従者が突如狂い出し、こう叫び始めた。

「俺を当てにして下さるご主人様が、もったいなくも餌代を余分に下さったのに、お前が自分の飲み食いに使うから、俺はロクなものを食べちゃいない。これではいざという時に力が出ず、ご主人様に顔向けが出来ない。おのれ、どうしてくれるのだ、不届き者め」

驚いた周囲の者がさんざんになだめすかして、従者はようやく正気に返った。馬の霊が取り憑いたせいであろう。

◎三馬、同年に死す――「道聴塗説」第八編

文政五年(1822)壬午の春 閏《うるう》正月十六日、式亭三馬《しきていさんば》が亡くなった。享年四十七歳。江戸の産で、名は太助、板木師《はんぎし》菊地茂兵衛の息子だった。

同年六月二日、烏亭焉馬《うていえんば》が亡くなった。享年七十九歳。焉馬も江戸生まれで、名は和助。はじ

めは大工だったが、後に商人となった。三馬も焉馬も、戯作者として高名だった。

同年には、錦馬《きんば》も亡くなった。享年六十八歳。錦馬とは、富本豊前太夫《とみもとぶぜんだゆう》のこと。名を午之助といった。それ故、親しき者たちは彼を馬と呼び、本人は俳名を「錦馬」と号した。

思うに、壬午の「壬」は、五行でいえば「水」にあたる。逝って帰らぬという意味がある。壬午の「午」は、もちろん「馬」である。

名に馬のつく三人が、同じ壬午の年に死んだのは、奇事とせねばなるまい。

◎怪死者二名——「古今著聞集」巻第十五

賀陽親王の旧邸で競馬《くらべうま》の儀が行われた時のこと。

乗り手の一人に狛助信《こまのすけのぶ》という男がいた。

助信は名手として知られ、しばしば出場していたが、ずっと負け知らずであった。

さて、助信が今回の出場にあたり、事前に仁和寺の法親王を訪ね、必勝祈願の祈祷を依頼したところ、

「この度は、勝利祈願をなさらぬ方がよい。そして、当日はあっさり負けられるのがよろしかろう」

と、突っぱねられた。唖然とした助信が理由を訊ねると、法親王は厳かに言い渡した。

「勝てばお命がなくなりますゆえ」

しかし、助信が、

「たとえ命を失う羽目になっても構いませぬ。勝負に勝てさえすれば、それで本望でございまする」

と食い下がったので、法親王はやむなく祈祷をおこなって帰した。

そうこうするうち、競馬当日となった。

祈祷の甲斐あってか、助信は尾張の種武相手に見事勝利したが、馬場のはずれの門にさしかかった際、開いていた門から飛び出していた閂《かんぬき》に頸が引っ掛かり、敢え無く絶命した。

一方、相手方の種武は、今回、初めて腋白《わきしろ》という馬に乗って、勝負に臨んだ。腋白は、乗れば何人《なんぴと》も負け知らずと激賞されていた名馬だった。

にもかかわらず、種武は敗れた。その上、馬場のはずれで腋白に跳ね落とされ、無残にも踏み殺された。

こうして、対戦した者たちが両名とも、同時に非業の死を遂げた。奇怪なことである。

ちなみに、大江匡房《おおえのまさふさ》の記すところによれば、藤原頼長の日記「台記」にはこうあるという。

「昔、駿馬《しゅんめ》が居た。ところが競馬に敗れるや、乗り手を喰い殺して坂東に赴き、其処で神として祀られた云々」

「古今著聞集」より
〈怪死者二名〉

「チャグチャグ馬」
岩手県

羊の章

未《ひつじ》

平住専庵
「唐土訓蒙図彙」(1802)より
〈丁未神将名叔通〉

◎羊の舌を抜いた男――「今昔物語集」巻第九第二十三

今は昔、都に住んでいた小吏《しょうり》某の話。

ある日、役所から戻る途中の某は、田に置き去りにされた羊を見つけた。おそらく羊飼いが見落としたのだろう。某は、

「しめしめ」

とほくそえみ、ちょうど近くで遊んでいた子ども数人に手伝ってもらって、その羊をまんまと捕まえた。

某は早速、人目につかぬうちに家へ曳《ひ》いて帰ろうとしたが、羊は途中でしきりに鳴き騒いだ。ばれないかと気が気ではない某は、羊をとにかく静かにさせようと、舌を抜いて、そこらへ捨ててしまった。羊はもはや鳴くことが出来なくなった。某は静かになった羊を家へ連れ帰り、殺して肉を喰ってしまった。

その後、一年ほどすると、某の舌が次第に溶け、遂には完全に失せてしまった。某は職を退いた。

ちなみに、このことを聞きつけたある者が、

「舌がなくなったなどと、某は偽りを申し立てているのではないか」

と疑い、わざわざ某の処までやって来て、口を開けさせて、確かめてみた。そしてわかったのだが、話は本当だった。本来、舌のあるべき処には、大豆ほどの突起があるだけだった。

そこで、羊の追善供養を懇《ねんご》ろに行うように、某に勧めてみた。某は言われた通り、大規模な法要を営み、以後は仏道の教えを遵守《じゅんしゅ》して暮らした。

それから一年ほど経った頃からだろうか。男の舌は徐々に生えて来て、やがて元通りになったという。

◎殺した羊の正体――「宇治拾遺物語」巻第十三第七話

唐の役人某には一人娘がいたが、わずか十歳で亡くなってしまった。父母の悲しみはたとえようもなかった。

二年後、某は田舎へ下向することになった。そこで、披露の宴を開き、親類縁者を大勢招いた。

宴では、あらかじめ市場で買っておいた羊をさばき、皆にふるまう予定であったが、実は前夜に某夫人の夢枕に娘が現れて、涙ながらにこう訴えた。

「生前、お父さまお母さまが私を可愛がってくださり、願いを何でも聞き届けてくださったのをいいことに、私は無断で親の物を使ったり他人へあげたり、親の許しを得ぬまま身勝手に振る舞ったりしました。その報いで、いまや白首の羊へ転生しました。どうか私の命を助けて」

ここではっと目が覚めて、翌朝、宴の準備で忙しい調理場を覗くと、何と白首の羊がいるではないか。夫人は調理人たちを制して、

「これお前たち。この羊を料理に供してはいけない。事情があるのです。旦那様が出先から戻られたら、私からお話しして、お許しを得ますから。いいですね」

と言い渡した。

ところが、外出先から戻った某は、

「もう客人がお見えなのに、羊料理をまだ出しておらぬのか」

と調理人たちを叱りつけた。

「そのことなのですが、奥様のご指示なのです」

と説明したが、某は、

「出鱈目を言うな」

と怒るばかりで、全く聞き耳をもたない。

調理人は仕方なく、主人の命令通り、客の見る前で、羊を縄でくくって吊るし上げた。客人たちは仰天した。吊るされているのは、十歳くらいの可愛らしい少女である。その子は、

「私はこの家の某の娘です。どうかお助け下さい」

と泣き叫ぶ。

そこで皆は、

「おい、やめろ。殺すな」

と懸命に止めた。

しかし、調理人の目に映るのは、いたって普通の羊である。少女の悲痛な叫びも、聞きなれた羊の鳴き声にしか聞こえない。

「皆さん、何をおっしゃいますか。ただの羊ですよ。おっと、急がないと、またご主人様に怒られてしまうぞ」

と言って、くだんの羊をさばいてしまった。

それから肉を炒り、あるいは焼き、種々の料理に仕立てて客人に供したが、気味悪がって誰ひとり口にせず、皆はさっさと帰ってしまった。

不審に思った某は、後から詳しい事情を聞き、悲しみのあまり病床に臥した。任地へ赴くこともかなわなかった。

◎羊乳と地生羊《ちせいよう》――「和漢三才図会」巻第三十八

「羊の乳は虚労《ひろう》回復に効果があり、心肺を潤す。蜘蛛の咬毒に効く」と、「本草綱目《ほんぞうこうもく》」は記している。

こういう話がある。

あるところに、蜘蛛に咬まれた人がいた。妊婦のように腹が膨れ、総身に毛が生え出た。家人は気味悪がってこれを遺棄したので、病人は乞食をして暮らした。これを憐れんだ一人の僧が、羊乳を飲むように勧めた。言われた通りに飲むと、ほどなく病は癒えたという。

ところで、「本草綱目」に載る羊の種類は多い。

たとえば、地生羊《ちせいよう》について。

西域に産する。羊の臍《へそ》を地に植えて水を注ぐ。やがて雷鳴を聞くや、そこから羊が生まれ出て来る。最初、臍と地面は繋がっているが、生長してきたところを見計らって、木切れで音を立てて驚かせると、逃げる拍子に臍が切れて自由に歩き、草を喰うようになる。秋になったら、こ

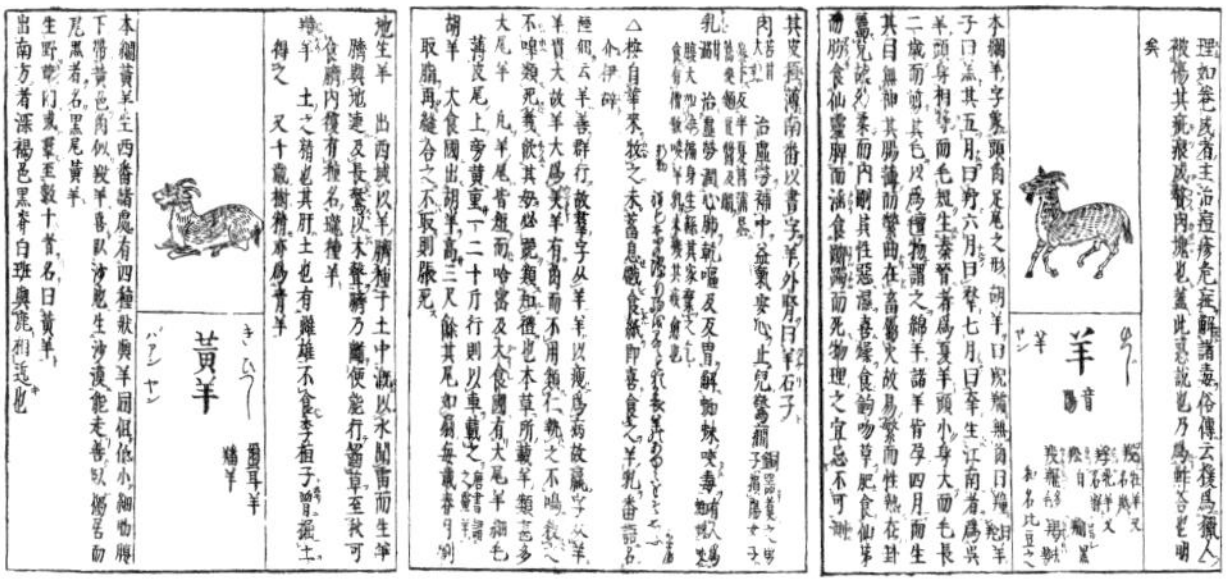

「和漢三才図会」より〈羊乳〉と
〈地生羊〉の記述（上）
下は、〈地生羊〉の原典と思われる
〈スキタイの羊（バロメッツ Barometz）〉

の羊を食べるとよい。その臍の中には、新たな種が宿っている。

◎**少女の懺悔——「今昔物語集」巻第九第十九**

今は昔、長安の東に住んでいた男の話。

ある年、男は饗応のため、客を大勢、自邸へ招いた。

客の一人が、厠《かわや》へ行った折に、ふと唐臼《からうす》の方を見やると、少女がぽつんと立っていた。十三、四歳くらいで、実に愛くるしい顔立ちをしていた。青い裳《も》をつけ、白い上衣を身につけていた。ただ、奇妙なことに、縄で唐臼に繋がれていた。

少女は客に気付くと、涙ながらに、こう語った。

「私は、この屋敷の主人の娘です。生前、紅や白粉《おしろい》が欲しくて、ついつい親のお金をくすねてしまいました。ところが、品物を買い求める前に命を落としてしまいました。お金は、台所の北西隅の壁裏に隠したままです。こうなったのも、その罪の報いです」

そう言うが早いか、少女の姿は一匹の羊へ変じた。頭部が白く、身体の青い羊だった。

驚愕した客は、急いで男の処へ行き、見たままを語って聞かせた。客の言う少女の姿かたちは、まさしく二年前に死別した娘そのままだった。

念のため、男が台所の壁裏をまさぐってみると、話の通り、お金が出て来た。

この一事がなかったら、男は何も知らず、繋いでいた羊を屠《ほふ》って、客人たちへ振る舞うところであった。

男は羊を寺へ奉納した。

以降、この屋敷では皆が肉食を絶ち、仏道に邁進したという。

「羊」
常石張り子／広島県

猿の章

申《さる》

平住専庵
「唐土訓蒙図彙」(1802)より
〈甲申神将名扈文長〉

◎女猿の嫉妬に遭った男――「怪談御伽猿」一之巻

肥後国と筑後国の境に、南の関という処があった。そこから高瀬までは四里半ほどの山道である。途中の小関峠の山上には茶店があり、坂道にあえいで登ってきた旅人たちは、皆ここで一息ついたものだった。

茶店の主人は、名を大津屋三次郎といった。なんでも知人から預かったとかで、一匹の女猿を飼っていた。三次郎はこの女猿を殊の外可愛がり、寝間に入れて一緒に寝ることも珍しくなかった。

さて、この茶店には、お京という下女がいた。十六、七歳くらいの器量良しであったので、三次郎はお京に目をつけ、二人はいつしか密かに深い仲になっていた。

女猿はこれを妬み、腹を立てた。

店で三次郎とお京が談笑するのを見ると、女猿は怒ってお京に飛び掛かり、噛んだり引っ掻いたりした。こうなると、あれほど可愛く思われた女猿も、ただ疎ましいだけである。三次郎夫婦もお京も、このいまいましい女猿を一日も早く元の飼い主へ返してしまいたいと思いながら暮らしていた。

やがて、六月も下旬となった。耐えがたいほどに暑い夜半。

「怪談御伽猿」より
〈女猿の嫉妬〉

三次郎は、夢とも現《うつつ》ともわからぬうちに彷徨《さまよ》い歩き、気付けば深い山中にいた。以前にも来たことがあるような、それでいて、やはり初めて来たような、不思議な気分に襲われながら進むと、少し先に楼門がそびえているのが見えた。ちょうど一人の童子《わらわ》が通りかかったので呼び止め、

「ここは一体、どこですか」

と訊ねると、童子は、

「ここは、比叡山の山王権現様のお宮です」

と答えて立ち去った。

「ここが音に聞く日吉山王権現様か。せっかくだからお参りしておこう」

と三次郎が楼門のところまで来ると、浄衣《じょうえ》、烏帽子《えぼし》姿の社人が急に現れ、

「お前は、この宮にお仕えする身で大事な神事を汚し、追放されたはず。それを今頃舞い戻るとは不届き千万だ。すぐに立ち去れ」

と言うが早いか、三次郎を杖で幾度も打ち据えた。

すると、打たれた箇所からは獣毛が伸び出し、みるみるうちに全身毛むくじゃらになって、男猿の姿へ変じていく。

「ややっ、これはどうしたことだ」

と叫ぶ自分の声ではっと目覚めると、三次郎は寝間の中にいた。総身が汗でぐっしょり濡れていた。

起きてこの夢のことを語ったが、女房も、

「昔から、夢は五臓の煩《わずら》いと言うけれど……」

と戸惑うばかり。夢の真意を量りかねて夫婦で首をかしげるうち、そのまま沙汰止みになった。

次の日。相変わらずの猛暑なので、三次郎は昼過ぎに行水をして、裸のまま縁側で涼んでいた。すると、かたわらで横たわっていた例の女猿がむくむくと起き上がり、三次郎の陰嚢を両手で掴み裂いた。

「ぎゃっ」

という叫び声を聞きつけた女房やお京が駆けつけてみると、三次郎は下半身を血で染めてのたうち回っており、やがては気を失った。

その後、水だ薬だとさんざんに介抱した御蔭で、しばらくすると、三次郎の意識は戻った。

ただ、目覚めた後は、まったく以て猿のごとき振る舞いで周囲を驚かせた。そして、ものの

二、三日で死んでしまったという。

◎鞠《まり》の精の正体――「古今著聞集」巻第十一

侍従大納言成通《しげみち》卿の蹴鞠《けまり》への執心は、尋常ではなかった。

一千日の間、一日も欠かさず鞠の鍛錬を続けると発願した際には、病めば寝間で鞠を蹴り、大雨で屋外では無理という日には、大極殿《だいごくでん》まで出向いて、屋内で蹴った。

そして、満願となる最終日には、まずは三百回ほど蹴り上げてから、落とさぬように手で受けとめ、二つ設けた祭壇の片方に鞠を置いて、篤《あつ》く祀った。

もう片方の壇には、種々の捧げ物を供えた。

そして、祭壇の前で、華やかな祝宴を開いた。

やがて夜になって宴が終わり、客人たちが退出してしまうと、卿は今日一日の出来事を日記に書き留めようと、墨をすり始めた。

すると……。

いままで祭壇にきちんと収まっていた鞠が、突如、前へ転がり落ちてきた。

卿がいぶかしがっていると、小童三人がどこからともなく現れ、その鞠を拾い上げた。

「古今著聞集」より
〈鞠の精の正体〉

その三人の風体は、面妖だった。

顔こそ人間だが、手足や身体は猿そのもので、三、四歳の人間の子どものように小柄だった。

怪しんだ卿が、

「何者だ」

と声を荒げると、彼らは、

「我らは鞠の精である。そなたの蹴鞠への情熱は、余人を遥かに凌駕しておる。先刻、捧げ物をしてもろうた礼に、我らの名を明かして進ぜよう」

と言った。

彼らは、おのおの眉にかかった髪を、手で押し上げた。

それぞれの額には、金色の文字で、「春楊花《しゅんようか》」、「夏安林」、「秋園」と書かれていた。

◎円観上人の運命――「太平記」巻第二

比叡山の円観上人《えんかんしょうにん》は呪願《じゅがん》の罪に問われ、他の僧数人とともに鎌倉へ連行された。

そして、佐介越前守《さすけえちぜんのかみ》の屋敷へ預けられた。

いよいよ明日拷問にかけられようという前夜、執権北条高時《たかとき》は、不思議な夢を見た。

「伊勢参宮名所図会」に描かれた〈蹴鞠の精〉

比叡山の山王権現に仕える猿ども二、三千匹が山から降り来たり、上人を守護する体《てい》で毅然と居並ぶ、というものだった。

驚いた高時は、上人を留置する屋敷へ急使を出し、

「明朝の拷問を暫時、延期せよ」

と命じた。

すると、程なくその屋敷から伝令が来て、こう告げた。

「ご命令通りに取り計らい、そのついでに上人の様子を確認しましたところ、静かに坐しておりました。ところが、後ろの襖に映るその影は、不動明王そのものでございました。この旨、ご報告申し上げます」

高時はこれを聞き、上人の拷問を正式に取り止めさせた。

ただ、いくら奇瑞があったからといっても、罪を不問に付すわけにはいかない。

それ故、上人はこの後、結城上野入道《ゆうきこうづけ》へ預けられ、陸奥国へ追放の身となった。

◎猿、鷲《わし》を殺す――「今昔物語集」巻二十九第三十五

今は昔、九州のとある村に、身分の卑しい男が妻子と暮らしていた。

海辺の村であったので、妻は平素からよく浜へ出て、貝を拾い、海藻を取っていた。

ある日、妻は子連れで、隣家の友人と磯辺へ赴いた。

赤子《あかご》は平らな岩の上へ寝かせ、幼い兄弟にお守を言いつけ、己は友人と一緒に貝を拾い歩いていた。

その折、ふと見やると、波打ち際にうずくまる猿が目に入った。

ここらは山裾《やますそ》が岸近くまで迫っていたから、猿自体は珍しくないけれど、波に洗われながらなおもじっとしているというのは、いささか奇妙だった。

二人は、

「あんな処で、一体、何を？　魚でも狙って、ああしているのかしら」

といぶかしがりながら、近づいてみた。

普段ならば、猿は、遠くに人間の姿が見えるや、さっと逃げ去ってしまう。しかし、今日に限っては、怖がる素振りを見せこそすれ、その場から逃げ去ることはせずに、ただ苦しそうな鳴き声を上げていた。

二人はますます不審に思い、更に近づき、猿の周りをまわって、様子を探った。そして、ようやく得心がいった。

猿は、大きな溝貝《みぞがい》に手を挟《はさ》まれ、身動きがとれずにいたのだ。おそらく、口を開けている貝を見つけ、中の柔らかい身を喰おうと手を差し入れた途端、挟まれてしまったのだろう。見れば、潮が段々に満ちてきていた。このままでは早晩、猿は溺れ死んでしまうだろう。

二人は、

「なんとも間抜けな猿だわねえ」

と手を打って笑い転げた。

が、そのうちに、隣家の女の方は、岩場へ行って大きな石を拾って戻って来た。聞けば、猿を叩き殺して、家で焼いて喰ってしまうつもりだというのだ。

これを聞いた子連れの女の方は仰天し、

「そんな可哀想なこと、およしよ」

と押しとどめ、さんざんに頼み込んで、猿を譲ってもらった。

そして、流木を貝の口の隙間に差し込んでねじり、猿の手を抜いてやった。更に、

「猿だけ助けて、貝を殺すのも不憫だ」

と言って、猿の手を挟んでいた貝は取らず、砂の中へ埋め戻してやった。

猿は嬉しそうな様子で、女の顔を見た。

女は、

「あたしが居ればこそ、お前は助かったんだ。たとえ畜生の身でも、恩を忘れちゃぁ、いけないよ」

と声を掛けた。

猿は言われたことがわかったような顔をしていたが、やがて赤子を寝かしている岩の方へ走って行った。そして、驚く女を尻目に、赤子をさらって、一目散に山中へ逃げて行った。

女は、

「恩人の子をさらうだなんて、なんてひどい奴なの」

と慨嘆《がいたん》した。

もう一人の女は、

「だから言わないこっちゃない。あの時に、叩き殺しておけばよかったのさ。猿には恩義なんて関係ないんだよ。それにつけても、なんてひどいことをする猿だ。赦しちゃおけない」

と憤り、女たちは二人して、猿のあとを追いかけた。

ところで……。

赤子を抱えた猿だが、その逃げ方《かた》が奇妙だった。

勝手知ったる山ゆえ、足弱《あしよわ》の人間の女の追跡をふりきることくらい、本来はわけもないはず。にもかかわらず、いつも女たちの視界に入るくらいの距離を保ちながら逃げて行くのだった。

女たちが走り寄ると、猿は速度を上げて引き離した。逆に、女たちが疲れてしまって走る速度が落ちると、猿は手加減して、ゆっくり逃げるという具合だった。

こうして、一町（約一一〇メートル）ほどの距離がどうしても縮まらないので、二人はたまらず叫んだ。

「お前は畜生だから、命を助けてもらったことを有難いと思うような知恵は、ないのかも知れない。それは仕方ないとしても、赤子をさらうとは、あんまりひどいじゃないか。どうか、その赤子を返しておくれ」

ところが、その願いも空しく、猿は更なる山奥へ分け入ると、赤子を抱いたまま、大木の上へ登って行った。

女が大木の下へ走り寄り、見上げてみると、猿は、赤子を抱いたまま、はるか樹上の太い枝の股に座りこんだ。

もう一人の女はこれを見て、

「あたしたちだけでは埒《らち》があかない。あたしはこれから急いで村へ戻り、あんたのご亭主にこのことを知らせてくる。それまで、しっかり見張っていておくれよ」

と言い残して、村へ走り帰って行った。

母親は梢《こずえ》を見上げては号泣した。

猿は意にとめる様子もなく、傍らの太い枝を弓のように引きたわめつつ、赤子を揺すぶって、わざと泣かせ始めた。しばらくして赤子が泣きやむと、また揺すって無理矢理に泣かせた。

すると、この赤子の泣き声を聞きつけて、

「しめしめ恰好の獲物がおるわい」

とばかりに、鷲が一羽、矢のように飛んで来た。

母親はこれを見て、

「猿に喰われるか、鷲に取られるか。どちらにせよ、あの子はもう死んでしまうのね」

と絶望し、泣きじゃくった。

すると……。

猿は枝をさらに引きたわめ、鷲が近づいて来るのに合わせて、手を放した。枝はびしりと鷲の頭を打ち、鷲は真っ逆さまに地面へ落ちた。

猿はこの首尾を見届けると、またしても枝を引きたわめ、赤子を揺すって泣かせ、寄って来た新たな鷲を打ち落とした。

ここに至って初めて、母親は猿の意図を悟った。

「私の子が本来の目的ではなかったのね。赤子の声で鷲をおびき寄せ、それを獲《ねら》って私にくれようとしているんだわ」

母親は、猿に向かって叫んだ。

「鷲を取って恩返ししようというあんたの気持ちはよくわかったわ。でも、もうそのくらいにして、あたしの大事な赤ちゃんをそろそろ返しておくれよ」

そうこうするうち、猿は全部で五羽の鷲を打ち落とした。

そして、猿はするすると降りて来て、赤子を木の根元へそっと置き、また樹上へ登って行って、身体をぽりぽり掻いた。

母親は急いで駆け寄り、無傷の我が子を抱きしめ、涙ながらに乳を飲ませてやった。

しばらくして、女の夫が駆けつけると、猿は去って行った。

女は、残された五羽の鷲を指さし、夫に事の顛末《てんまつ》を語って聞かせた。

夫は鷲の羽根と尾を切り取り、妻は我が子をひしと抱いて、三人は家へ戻った。羽根と尾は、売って生計の足《た》しにした。

◎猿になった子ども――「猿著聞集」巻之二

下野国足尾村の某には、五歳になる息子がいたが、ある日、行き方知れずとなった。両親は慌てふためいて行方を捜しまわったが、どうしても見つからなかった。

それから、十日ばかりして、もしやと思い、父親は庚申山《こうしんやま》という山へ捜しに出た。岩の上では、たくさんの猿が遊んでいた。ふと見ると、中に息子の面差しに似た猿がいる。試しに息子の名を呼ぶと、こちらへやって来て、父親の着物にすがって泣きじゃくった。どうやら息子のようだった。しかし、最早、全身に獣毛を生じ、猿の姿に変じてしまっていた。

父親は嘆き悲しんだが、その甲斐もない。涙ながらに家へ抱いて帰って世話をした。

ただ、その後も木の実ばかりを喰って、人間の食する物には見向きもしなかったという。

◎人とは酷《むご》きものにして――「古今著聞集」巻第二十

貞応元年（1222）の夏。武田太郎信光は、駿河国浅間の裾野で狩りをした。

猿の群れに出くわしたので射かけ、三匹を仕留め、三匹を生け捕った。

屋敷へ戻り、三匹の死骸は庭に置き、生け捕った三匹をその傍らに繋いでおいたところ、中の一匹が死んだ一匹をじっと見つめ、ひしと抱きついたかと思うと、その場で絶命した。夫婦《めおと》であったのだろうか。なんにせよ、不憫なことであった。

また、信光の子、信正が狩りをした時のこと。

一匹の大猿をつけ狙い、ようやく大木の上にまで追い詰めた。もはや猿に退路はない。信正が弓を引き絞って今まさに射止めようとすると、猿がしきりに指をさして、こちらへ合図を送ってくる。

「何のつもりか……」

と不審に思い、射るのをいったん止めて、猿の指す方を見やると、そこには一頭の大きな雌鹿が臥していた。

「さては、あの鹿を射る代わりに、己を助けてくれというわけか」

と察した信正は、さっそくに鹿を射て、仕留めた。

が、その後、すぐさま猿も射殺《いころ》してしまった。

◎猿の狙うもの――「新説百物語」巻之三

大坂に住む嘉兵衛という商人は、毎年の西国廻《さいごくまわ》りの途中、ふと厳島神社参詣を思い立ち、舟に乗り込んだ。

舟が安芸の宮島から三里ほど手前の海にさしかかった時、船頭が声を上げた。

「ほぉれ、皆の衆、見なせえ。あそこの岸の岩の上に、猿がおるじゃろ。あれは、蛸獲《たこと》りの猿じゃ。わしはここらを数え切れんくらい通《とお》っとるが、そのわしでも、滅多にお目にかかれん光景じゃ。まあ、よく見ときなされ」

こう言って船頭が舟をとめたので、客たちはかたずを呑んで猿の様子を見守った。

よく見ると、最初に見えた猿の後ろには、他の猿が何匹も控えており、先頭に座った猿にしっかり手をかけて支えている。

そのうち、何やら白っぽいものが海中からひらひらと出たり入ったりしたと見る間に、するするっと先頭の猿の首へ巻きついた。

その刹那、猿たちは、先頭の猿の体をぐいっと後ろへ引き倒した。

すると、猿の首に巻きついていた白っぽいものも、つられて水中から引き上げられ、岩の上へ。それはなんと、大きな蛸《たこ》であった。

水から引き揚げられてしまった蛸は怒って暴れ、猿の首に巻きつけた太い足をぐいぐいと締めつけた。

が、それも束の間。

仲間の猿たちは、蛸へ一斉に襲いかかり、足や胴体を喰いちぎって、蛸を先頭の猿の身体から引き剥がした。

首を絞められていた猿は、瀕死の態《てい》で岩の上で横たわり、身動きもしない。

仲間は、喰い切った太い足をその猿の前へ置き、自分たちは蛸の胴体を引き裂いて、分け喰らった。そして、腹が膨れると、きいきい鳴きながら、山の方へ帰って行った。

やがて、倒れ伏していた猿が、ようやく起き上がった。

仲間が残していった蛸の足には目もくれず、暫時ぼうっと立ちすくんでいたが、そのうち、正気づいたのか、蛸の足を掴《つか》み、弱々しい足取りで、去って行った。

◎猿の剣術――「翁草」巻之二

柳生但馬守は二匹の猿を飼い、これを相手に剣術の稽古をしていた。おかげで猿たちの剣術は並々ならぬ域に達し、但馬守の門弟のうち未熟な者は、毎度、猿に打ち負かされていた。

ある時、槍の腕におぼえのある浪人が、門人の仲介で但馬守と対面した。

浪人が但馬守に立ち合いを願い出たところ、但馬守は、

「それがしとの立ち会いは易きことながら、まずは、うちの猿どもをそこもとご自慢の槍で突いてみられい」

と返答した。

浪人は、

「いかに天下の柳生といえども、畜生を相手にせよとは失礼千万」

と内心、腹立たしかったが致し方ない。言われるがまま、稽古用の槍を手に、猿と向かい合った。

猿は防具をつけ面をかぶり、竹刀《しない》を持って浪人と立ち会った。

試合が始まるや否や、猿は浪人の繰り出す槍をひょいひょいとかい潜り、みるみる間合いを詰めたかと思うと、浪人をいとも易々と竹刀で打ち据えた。猿の完勝だった。

「これは俺としたことが、どうしたのだ」

と焦った浪人は、もうひと試合、所望した。次の相手は、別の猿だったが、今度もあっという間に打ち据えられてしまった。

慙愧《ざんき》した浪人はすぐさま立ち帰り、それからというもの、四、五十余日の間、槍の鍛錬に没頭した。

その後、但馬守を再訪した浪人は、再度、猿との立ち合いを所望した。

但馬守は、浪人の腕が格段に上がったのをすぐに看て取り、

「この度は猿では相手になるまいて」

と思いつつも、申し出の通り、猿と立ち合わせてやった。

こうして、浪人と猿は再び向かい合った。

ところが、浪人がまだ一度も槍を繰り出していないのに、相手の猿は大きな叫び声を上げて、その場から遁走した。

この日から浪人は但馬守の門弟に加わり、剣の奥義を授けられたという。

◎人魚の顔――「古今著聞集」巻第二十

平忠盛が伊勢国別保《べっぽ》に赴任していた時のこと。

ある日、地元の漁師が網を上げると、異形の生き物が三匹かかっていた。

人面魚身で、口吻が突き出て、猿さながらであった。ただ、口中に並ぶたくさん細かい歯は、

魚を思わせた。

漁師二人が担って運ぶと、尾の先が地面に擦れるほどの大きさだった。人間そっくりの声で泣き叫び、涙を流した。

村民は一匹を村に取り置き、二匹は忠盛へ献上した。忠盛はひと目見るや、畏《おそ》れてすぐに村へ突き返した。そこで、人々は三匹とも屠《ほふ》り、切り分けて平らげてしまった。だからといって、別段、怪事も起きなかった。至極、美味だったという。

◎内裏炎上――「平家物語」巻第一

その年の四月二十八日夜、樋口富小路《ひぐちとみのこうじ》から火が出て、辰巳（南東）からの強風にあおられ、京は大火に見舞われた。大きな車輪の如き炎《ほむら》が三町、五町あまりを隔て、北西の方角へ斜めに飛び進びながら町を焼くその有り様は、凄まじかった。

三十余か所の名所古跡をはじめ、公卿の屋敷も十六余が焼けた。

そして、火はついに大内裏へも及び、朱雀門、応天門、大極殿、諸司八省などが灰燼《かいじん》に帰した。名家の日記類、代々の文書や宝物も、焼亡してしまった。

焼死者は数百人にのぼり、多くの牛馬も焼け死んだ。

これは只事ではあるまい。

ある人に下った夢告によれば、山王権現のお咎めとして、神使の大猿三千余匹が手に手に松明を掲げ比叡山から降り来たるや、京の町のそこかしこへ火を放って、これを焼き尽くしたのだという。

◎厠の怪――「近古史談」巻二

武将、福島正則《まさのり》の表座敷の厠には夜《よ》な夜な怪物が出るとの評判が立ち、久しくそこを使う者がなかった。

ある夜のこと。

福島邸に数人が集い、酒宴となった。

その客の中には、勇将、塙団右衛門《ばんだんえもん》がいた。

宴の途中、団右衛門が小用に立ったので、正則は厠の怪事の件を案じて、小姓に手燭《てしょく》を持たせ、付き添わせた。

便所は、松の大木の下にあり、屋根には蔦《つた》が絡《から》みついていた。

団右衛門が中へ入ると、ややあって生温かい風が吹きつけ、ついで何か重いものがどさっと屋根の上へ落ちた。

団右衛門が、

「皆の言う、厠の変事とはこのことか」

と思いながら様子を窺っていると、怪物は屋根の端まで這い進み、さかさまに窓から中を覗き込んできた。

その顔は、赤鬼の如《ごと》く、両眼はぎらぎらと妖しい光を放っていた。

団右衛門は臆することなく、それを睨みつけ、一喝した。

すると、怪物は、身をかわして屋根から飛び下り、今度は厠の穴の下から、毛むくじゃらの手を伸ばして、団右衛門の尻を撫でた。

団右衛門が手を掴もうとすると、怪物は素早く穴の中へ引っ込み、またぞろ屋根の上へ上がって、先程と同じように、こちらを覗きこむ……。

これの繰り返しで、きりがなかった。

団右衛門は意を決し、立ち上がりざま、怪物の腕を素早く掴むと、屋根から力任せに引き下ろした。

怪物は屋根から転げ落ちた。

はずみで、小姓の持っていた手燭の火が消え、あたりは真っ暗になった。

怪物は、これ幸いと、闇に紛れて逃げ去ろうとした。

そこで、小姓が怪物の足をむんずと掴み、団右衛門が腰の刀を抜いて、刺し殺した。

騒ぎを聞きつけた正則たちが明かりを持って駆けつけてみると、団右衛門は、全身、返り血を浴びて、庭先に立ち尽くしていた。足元には、仕留められたばかりの怪物の死骸が転がっていた。

確かめてみたところ、それは大きな老猿だったという。

ちなみに、世間には怪物がらみの話がよくあるが、この団右衛門の場合のように、そやつを仕留めて正体を確かめてみると、猿や狐狸《こり》であることが多い。

思えば、その昔、源頼政が射た妖怪、鵺《ぬえ》の正体も、それに類するものであったのではないか。

◎白猿、賊となる――「道聴塗説」第二十編

出羽国内にある山役所を預かっていたのは、大山十郎という侍であった。

先祖伝来の貞宗の刀を秘蔵しており、毎年六月にはこれを取り出して、風に当てていた。

文政元年（1818）六月、例に倣って刀を座敷に出して曝し、用心のために傍にいたところ、何処からともなく三尺ほどの白猿一匹が現れ、素早く刀を奪って逃げ去った。

ゆゆしき大事と主人、十郎が走り出して行くので、従者たちも何事であろうかととりあえず後を追ったが、猿は山中へ逃げ込んで、その行方はわからなかった。

十郎はいったん屋敷へ帰り、従者や知己に事情を話して態勢を整えて、翌日には追跡隊を組織して、昨日の山の更に奥地へと分け入って、猿の行方を追った。

すると、一行は、突如、広い芝原に出た。

そこには二、三十匹の猿が車座になって坐し、中央には例の白猿が陣取ってた。腰に藤蔓を巻いて帯にし、十郎邸から奪ってきた刀を差して、仲間の猿と何やら談笑している最中だった。

これを見るや、十郎とその従者たちは、抜刀して斬り込んだ。手下の猿たちは皆、驚いて逃げて行ったが、頭の白猿だけは居残り、あまつさえ腰の貞宗を抜き放って、人間たちと斬りあった。その結果、五、六人が刀傷を受けたが、白猿の方は、かすり傷ひとつ負わない。いくら斬りつけても、その身に刃が立たず、鉄砲で撃っても、弾がはじかれてしまうのだった。

こうして人間たちが攻めあぐねているうちに、白猿は山の奥へと消えて行った。

この後、猟師たちが駆り出されて山狩りをしたところ、時として白猿が姿を現わすことがあった。猟師はすかさず鉄砲で撃ったが、確かに命中したはずなのに、やはり弾は猿の身体を通らなかったという。

結局、刀は奪われたままとなった。

◎**猿の舞——「古今著聞集」巻第二十**

ある時、足利義氏《よしうじ》は、美作国《みまさか》より一匹の猿を入手した。

この猿の舞が見事だというので、やがて将軍の上覧に供された。

猿は、直垂《ひたたれ》、小袴《こばかま》、烏帽子《えぼし》という出で立ちで、三浦光村《みうらみつむら》なる者の打つ鼓に合わせて舞った。出だしはゆったりと、しかし曲の終結部が近づくにつれて、興が乗ったかのように速い調子で舞った。一同は驚嘆した。

この猿には、舞い終わると、ちゃっかりと纏頭《てんどう》（技芸に対する観客からの褒美）をねだる癖があった。貰えるまで、その場から動かなかった。

上覧の大舞台を終えた時にも、いつもの様に請うて退場しなかったので、皆はそれを面白がって、次々に褒美をとらせた。

猿は以降も光村が飼養することになり、馬屋の前に繋いでおいた。

しかし、ある日、どうした訳か、傍の馬に背中を齧られた。
すると、それを境に、一切、舞わなくなってしまった。惜しいことであった。

「喜々猿」
堺土人形／大阪府

鳥の章

酉《とり》

平住専庵「唐土訓蒙図彙」(1802)より
〈丁酉神将名臧文公〉

◎**頭に生えてきたもの――「新著聞集」巻第十四**

美濃国御岳村の土屋善右衛門は無類の鶏卵好きで、日々欠かさず食べていたが、そのうちに頭が禿げてしまった。そして、毛髪の抜けた頭皮一面に、鶏の産毛《うぶげ》がびっしりと生えてきたという。寛文（1661〜1673）頃の話である。

◎**鶏卵を焼き喰った者――「今昔物語集」巻第十九第二十四**

今は昔、震旦《しんたん》の隋の開皇《かいこう》（581〜600）初年の頃のこと。

ある村に、ひとりの男が、十三歳の息子と暮らしていた。

息子は、しばしば隣家へ赴き、そこの鶏の卵を盗んでは、焼いて喰っていた。

ある日の早朝のこと。

何者かが男の家の門を叩き、息子の名を呼んでいる。

男が息子を揺り起こして、応対に出させた。

門口には、使者が立っていて、

「おまえには役所の呼び出しがかかった。いますぐ同道致せ」

と言い渡した。

子は驚き、

「お上《かみ》がこの私に、一体、何のご用でしょうか。一緒に来いとおっしゃいますが、ご覧の通り、私はさっきまで休んでいて裸同然です。部屋へ戻って、何かはおって参ります」

と言ったが、使者は許さず、そのまま子を引っ立てて行った。

使者は子を連れてどんどん歩んでいく。すでに村を出て、南側に広がる桑田（耕作を終えたばかりでまだ何も植わっていない）にさしかかっていた。

二人の往く道の右側には、小さな城が建っていた。

四方の楼門《ろうもん》は、柱、桁《けた》、梁《はり》、扉のことごとくが赤色に塗られて、えらくいかめしい。

見慣れぬ城なので、子は首をかしげ、

「この辺りは今まで幾度も通っておりますが、城があったとは存じませんでした。一体、いつの間に……」

と使者に訊ねが、使者は何も答えない。

そうこうするうち、二人は城の北門の前までやって来た。

使者は、子を門内へ押し込んだ。

すると、子の背後で、城門がたちまち閉じた。城内に人気《ひとけ》はなく、家屋も見あたらなかった。

それに、使者も城内へは立ち入って来なかった。

城内の地面は、どこもかしこも熱い灰で覆われていて、その下には分厚い火の層が堆積していた。

足を踏み入れると、くるぶしまでずっぽりと埋まってしまう。

子は悲鳴を上げ、開いている南門まで駆けて行き、そこから城外へ出ようとしたが、門は子が至るや、ひとりでに閉じてしまった。

そこで、東門、西門、北門と順番に駆け寄ったが、同じことだった。いずれの門も、開け放たれているのに、子が近づいた途端、ひとりでに閉まってしまう。そして、子が離れるとひとりでの開くのだった。

子は四つの門を駆け回ったが、どうしても城外へ出ることが出来なかった。

さて、この時、村人たちが田までやって来て見ると、例の男児が、獣の如き叫び声を上げながら、田の中を四方に駆け廻っている。

皆は顔を見合わせ、

「あいつはあそこで何をしているのだ。気でも違ったか」

と言いあった。

その間も、男児は狂ったように走り回っている。

そのうち、すっかり日も高くなり、昼飯時になったので、皆はひとまず家へ帰って行った。

人々が村へ戻ると、例の男児の父親に出くわした。

「うちの倅《せがれ》がどこへ行ったか、知らんかね。今朝早く、誰かに呼び出されて家を出たまま、帰って来ないんじゃ」

と言うので、ある者が、

「おたくの息子さんなら、村の南の田に居たよ。独りで田の中を走り回って、遊んでいた。戻って来るように言ったんだが、いくら呼んでも聞こえていないようだったんで、諦めて帰ってきたんだ」

と居所を教えてやった。

父は、急いで田へ行ってみた。

見れば、村人たちの言葉通り、息子は奇声を上げながら田の中をかけずり回っていた。

父は驚いて、息子の名を大声で叫んだ。

すると、村人が呼んでも耳を貸さなかったその子は、父に呼びかけられるや、すぐさまこちらへ戻って来た。

と、その瞬間、子の視界からは城も、灰も、分厚い火の層も消え、気づけば、田の只中に立ち尽くしていた。

子は、父の姿を目にするや、地面に倒れ伏して泣きじゃくった。そして、一連の出来事を語って聞かせた。

父は半信半疑だったが、やがて息子の足を見て、驚倒した。脛《はぎ》の上半分は、焼け焦がれて血みどろだった。膝から下は、炙《あぶりもの》(焼き肉)のように焼けただれていた。

父は息子を抱きかかえて家へ戻ると、嘆き悲しみつつ、息子の足の療治に専心した。その甲斐あってか、腿《もも》から上は、肉が盛り上がって傷をふさいでくれたのだ、なんとか元の状態に戻った。

しかし、膝から下は白い骨が剥き出しになってしまい、ついぞ治らなかった。

噂を聞いた人々が、改めて例の田を見に行ってみると、男児の足跡が地面にたくさん残るばかりで、父子の言うような灰や火の類《たぐい》はどこにも見あたらなかった。

◎一本足の鶏――「兎園小説」第九集

文化十一年（1814）の夏、鳥商人が、

「珍しい鶏をお持ちしました。お買上げ頂けませんか」

と一羽の鶏を見せてくれた。

一本足の鶏であった。

引き寄せて調べてみると、確かに足は一本なのだが、本来生えているべきもう一本はごく小さいまま腹中にあるらしく、歩もうとして外の足を動かすと、体の中の足も動き、それにつれて腹の皮も蠢《うごめ》いた。

それで真正の一脚鶏ではなく単なる不具と知れたので、買わずにおいた。

◎鶏の宵泣きは凶事か――「西播怪談実記」巻五之二

正徳年間（1711～1716）のこと。

揖東《いっとう》郡香山村の久太夫が飼う鶏は、なぜか毎夜、宵《よい》鳴きした。

縁起が悪いのでなんとか止めさせようとしたが、駄目だった。

久太夫は、

「近所に捨てて、戻って来てこられても困る」

と考えて、鶏を板に乗せて、揖保川《いぼがわ》に流して厄介払いした。

さて、その頃、網干の塩商人が、塩を担いで山道を歩いてた。目指すは香山村である。六月半ばでひどく暑かったので、商人はしばし涼《りょう》をとろうと木陰に休んだが、日頃の疲れが出て、ついうとうとと眠り込んでしまった。

すると、例の鶏が商人の夢枕に立って、こう告げた。

「私は、香山村の久太夫に飼われていた鶏です。大昔あの家に飼われていて、その後に姿を消していた猫が、どういうわけか最近、村に舞い戻って来て、毎夜、久太夫をつけ狙っています。そこで私は毎夜、宵鳴きをしていたのです。そうすれば家人が騒ぎだして、猫はその都度、襲撃を諦めますから。ところが、事情を知らぬ久太夫たちは、その宵鳴きが不吉だといって私を疎んじ、とうとう板に乗せて川へ流してしまったのです。幸い、今はもう岸へ上がって無事ですが……。ただ、今夜は、私という邪魔者がいないから、猫は久太夫に襲いかかるでしょう。それでは久太夫があまりに気の毒です。あなたは以前から久太夫の家に出入りしているでしょう。このことを一刻も早く、しかも猫に気取られぬように、久太夫へ知らせて下さいませんか。猫は、日が高いうちは、台所の向こう側に置いてある古い桶の中におり、破れた笊籬《いかき》を被って隠れています」

ここまで聞いて、商人ははっと目を覚ました。

「不思議な夢を見たことよ」

といぶかしがって周囲を見回すと、松の枝の上には鶏がとまっていた。ますます不思議さが募ったが、とにもかくにも山道を急ぎ、村へ着くやいなや、こっそりと久太夫に会って、事の次第を告げた。

聞いた久太夫は怖気《おぞけ》を震い、

「鶏があなたを通じて知らせてくれなかったら、猫に襲われてみすみす命を落とすところでした」

と言ったが早いか、家人を集めて周到に手配りをした上で桶の中の猫を急襲し、これを打ち殺してしまった。

その後、久太夫は人を差し向け、くだんの鶏を家へ連れ帰って、生涯可愛がったという。また、商人とは以前にもまして昵懇《じっこん》の間柄となった。

考えてみれば、俗にいう「鶏の宵鳴きは凶事なり」を妄信してその鶏を捨ててしまうのは、仁の道に外れる行いだ。鶏が鳴くから凶事が起こるのではなく、来たるべき凶事を察知して、鶏が鳴くのである。

◎剃刀が立たぬ訳——「新著聞集」巻第十四

とある家で、奉公人がはやり病にかかり、高熱で苦しんだ末に死んだ。餌指《えさし》（鷹匠に仕え、鷹の餌用の小鳥を捕えるのを生業とする者）の息子だった。

主人が憐み、菩提を弔ってやろうとしてまずは湯灌《ゆかん》し、次に、剃髪してやろうと髪に剃刀を当てたが、一向に歯が立たない。

「これは如何なることか？」

といぶかしがってよく見ると、髪の毛一本一本の根元に、小さく硬い鶏の嘴《くちばし》がびっしり生え出て、頭皮全体を覆っていた。延宝（1673〜1681）頃の話である。

◎雌鶏が雄鶏に——「東遊記」補遺

越前国三田村の百姓、新五兵衛は、鶏をひとつがい飼っていた。

このうち、雌鶏の毛が徐々に変じていき、とさかが生じ、ついには雄鶏になってしまった。

新五兵衛は大いに驚き怪しみ、祈祷などをしてもらったが、鶏が元に戻るでもなく、特段、不吉なことも起こらなかった。

ただ、その半年後、思わぬことで、その村の庄屋におさまった。

新五兵衛は、

「さては、あの時の変化《へんげ》は、吉事の兆しであったか」

と喜び、くだんの鶏を一層愛育したという。

ただ、この話を聞いて珍しがる私を見て、旅に同行してくれている丹真《たんしん》が言うには、彼の生国の日向あたりではよくあることで、現地では誰も驚かぬ由《よし》。

◎鶏の愁嘆――「沙石集」巻第九之十四

尾張国に住む女は、鶏の卵を沢山取っては、子どもに食べさせていた。

ある夜、女は夢を見た。

ひとりの女人が現れて、寝ている子どもの枕元に座り、

「子どもは可愛いものなんだよ。本当に可愛いものなんだよ」

とつぶやきながら、恨めしそうな様子で泣きじゃくるのである。

やがて女の子どもは病に罹《かか》り、急死してしまった。

また、女には弟がいたが、体調を崩して寝込んでしまった。すると、女は自分の子どもの時と同じような夢を見た。あの不気味な女人が相変わらず泣きじゃくっていた。ほどなく、弟も死んでしまったという。

◎闘鶏の真意――「日本書紀」巻第十四

雄略天皇七年(463)八月のこと。

舎人《とねり》の吉備弓削部虚空《きびのゆげべのおおぞら》が雄略天皇に召されて、自分が目にした吉備下道臣前津屋《きびのしもつみちのおみさきつや》の行状を奏上した。

「あやつは、小女《おとめ》を帝、大女《おおめのこ》を自分に見立てて闘わせ、悦に入っておりました。たまさか小女が勝ちますと、抜刀して、小女を斬り殺しました。また、闘鶏ともなりますと、毛を抜いて翼を切った小鶏を帝に、鈴や蹴爪を付けた大鶏を自分に見立て、争わせます。何かの拍子に小鶏が勝ちますと、無残にも斬り殺しておりました」

帝はこれを聞くや、直ちに物部《もののべ》の兵士三十名を遣わして、前津屋本人とその同族合わせて七十名の命を奪った。

◎**鶏を忌む里——「本朝怪談故事」巻第一第十四**

菅原道真《すがわらのみちざね》は、太宰府へ流される途中、河内国道明寺の伯母、覚寿禅尼《かくじゅぜんに》を訪ね、終夜、別れを惜しんで語り合った。

やがて、空が白む頃、一番鶏が出立を急かせ《せ》すように鳴くと、道真は、

啼《な》けばこそ　別れを急ぐ　鶏の音の　聞えぬ里の　暁もがな

と詠んで涙ながらに旅立ち、数年の後、かの地で亡くなった。

以来、この里では誰も鶏を飼わない。

飼えば、その家は必ずや不幸に見舞われ、家人が病死する。飼われていた鶏も死ぬ。

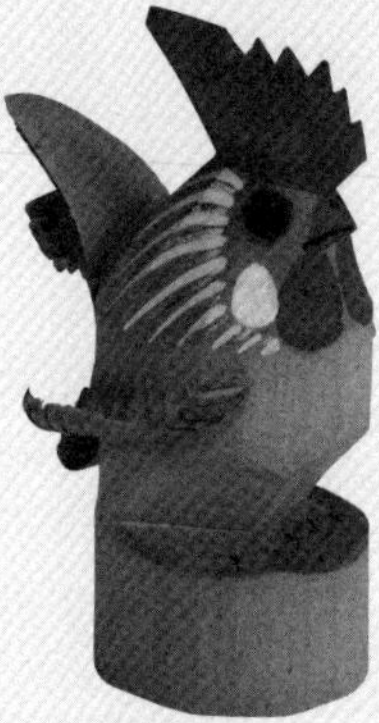

「鶏」
笹野一刀彫／山形県

犬の章

戌《いぬ》

平住専庵
「唐土訓蒙図彙」（1802）より
〈甲戌神将名展子江〉

◎この人は私のもの――「平仮名本 因果物語」巻六の三

摂津国兵庫の辺りに住む長七は、大坂から取り寄せた酒を商って暮らしていた。親が先ごろ相次いで亡くなり、いまだ独身で淋しかったものだから、矮狗《べいか》(狆に似た小型犬)の牝を買い求めて、朝夕、愛育した。

そのうち、

「いつまでも独り身でどうする」

と友人たちに言われ、彼らの斡旋で、近在から嫁を迎えた。

この女房を家に迎えてからというもの、犬は四六時中、激しく吠えかかり、喰らいつこうとした。

「まだこの家へ来て間もないから、犬が慣れていないだけだ」

と思い、食べ物もやったりして手なずけようとするが、無駄であった。少しもなつかず、吠えてばかりだった。

ある日、女房が昼寝をしていると、犬はこれ幸いとばかりに、喉元へかぶりつこうと飛び掛かった。しかし、おとがい(顎先《あごさき》)に遮《さえぎ》られて果たせず、女房の小袖の襟を食い破ったに留まった。

女房は震えあがり、

「こんな家では、怖ろしくて暮らせない。実家へ帰らせてほしい」

と長七に訴えた。

引き止めると、

「じゃあ、代わりにあの犬を家から追い出して下さい」

と言い張る。

そこで長七が方々へ声を掛けたのだが、どの人にも、

「そんな恐ろしい犬は願い下げだ」

と言われて、貰い手が見つからなかった。

これを聞いた女房が、

「ならば、捨てておしまいなさい」

と言うので、家から遠く離れた場所に捨てにやらせたが、犬はその者よりも先に家へ戻って来てしまう。西国行の船に乗せて厄介払い出来たと思っていたら、途中で海へ飛び込み、泳いで帰って来た。

そこで、

「かくなるうえは……」

と、犬を絞め殺して、木の下へ埋めてしまった。

夫婦は、

「これでもう安心だ」

と胸をなでおろして、月日を送った。

やがて女房が懐妊した。

十月《とつき》の後に産気《さんけ》づいたが、なかなか生まれず、五日ほどしてから、ようやく出産した。

生まれた子は、女児であった。

形は人間なのだが、手足にも体にもびっしりと毛が生えていて、鳴き声は犬そのものだった。

両親が悲嘆に暮れるうち、女児はほどなく息絶えた。

篤《あつ》く菩提を弔ってやったからか、その後は何事もなかったという。

◎不孝の子、犬と化す――「狗張子」巻四之九

永正年間(1504〜1521)のこと。

都の西の鳴滝に住む百姓、彦太郎は非道な人間で、養っていた母親にもこの上もなく辛くあ

たった。意に沿わぬことがあると口汚くののしり、

「とっとと死んでしまえ。あんたがいなくなったら、その分、娑婆が広くなって、せいせいするというもんだ」

と怒鳴るので、母は毎日、泣きながら暮らしていた。

やがて、母が病に臥《ふ》せった。普通の食事が喉を通りにくくなったので、嫁の手を煩《わずら》わせて単衣《ひとえ》の着物を金に換え、

「これで魚でも買って、食べさせてくれ」

と彦太郎に懇願したが、彦太郎は金を受け取ったものの、魚は買わずじまいだった。

また、見かねた近所の人が鯉の羹《あつもの》を作り、見舞いに持参すると、母には食わせず、自分一人で全部平らげてしまった。

すると、突然、腹が猛烈に傷みだし、どんな薬も効かなかった。

それからというもの、暗い寝間に籠り、四、五日の間、昼夜うめき通しだったので、案じた人々が様子を見に行くと、そこに彦太郎の姿はなかった。居たのは、一匹の犬で、うずくまって恥ずかしげに、こちらを見上げていた。

食べ物を与えたが口にせず、百日ほどして死んでしまった。

◎**怨みは二倍**――「**即事考**」**巻之四**

文政二年（1819）四月十一日のこと。

浜松町一丁目の路傍でまぐわっていた二匹の犬を、因州中屋敷の侍が抜刀して、斬って捨てた。雄犬は即死。雌犬は鳴きうめきながら三、四町ばかり彷徨い、一時《いっとき》ほどして悶死した。

すると、その日の夕刻から、くだんの侍が高熱にうなされて錯乱し、犬のように家中を吠えて廻ったかと思うと、夜には頓死《とんし》した。

◎**尼の怪異と犬**――「**続古事談**」**巻第二**

六条壬生《みぶ》の路傍に、尼の死骸がうち捨ててあった。

野良犬が、その腹に噛みついて食い破ったところ、腹中から火を生じ、その火で以て死骸は焼け失せたという。さすればその尼は、神仏の化現であったのか。

◎**狂犬の害**――「**翁草**」**巻之四十八**

享保十七年（1732）、畿内、南海、山陰、山陽、西海道の各地では、虫害のせいで稀にみる不作となり、米価は暴騰した。

貧民たちは道端で袖を拡げて銭や喰い物を乞うたが、恵んでやる者はまずなかったので、餓死者が続出。御公儀からは御救米《おすくいまい》が支給された。但し、それ以外の東海、東山、北陸の諸道の米の出来は、例年と変わりがなかった。

ちなみに、困窮の度合いが特にひどかったのが、西国、中国の諸国であった。おまけに、同地では狂犬病が蔓延し、狂い暴れる犬たちが人間を襲い、咬んだ犬も咬まれた人間も苦しみ悶えて死んでいった。それ故、中国筋では犬が死に絶えて、一匹も見当たらなくなったという。

そうこうするうち、同二十一年春には畿内、南海道まで病毒の気が及び、多くの人間が死んだ。東海道が感染の猛威にさらされたのは翌年の夏ごろで、犬だけでなく、狐狸《こり》や狼の類まで次々に命を落とした。狂犬に噛みつかれた人間や牛馬は、高熱が出て、一、二か月、長い場合には一年の間、ずっと病魔に苦しみ続け、食べ物がろくろく喉を通らずに、犬のごとく辺りを這い廻った挙句、狂い死んだ。

この惨状は、ある医師が妙薬を見出すまで続いた。それは、昔から、鼠に齧られて病悩する者が飲まされていた薬で、これを服すると、病人は快方へ向かう上、予防薬にもなるとされた。

◎六本足の犬――「兎園小説外集」第二

山城国山科郡花山村の博労、庄右衛門の飼い犬が、二十日ほど前、子を生んだ。毛は白黒の斑《まだら》で、頭にだけ茶色の毛が混じっていた。前足は二本だったが、後足は四本あり、尾は一本だった。肛門は二つあり、尾の左右に開いていた。陰茎は一本だった。

この仔犬を見世物に出そうというので、宮川筋松原の丸屋五兵衛が買い取り、自宅で飼っているそうだ。

◎犬に見え、人に見えぬもの――「谷の響」二の巻

私の屋敷裏の隣境に柿樹が一本生えているが、ある日、飼っている二匹の犬が柿樹を見上げ、激しく吠え続けたことがあった。私が見ても、怪しいものは何も見当たらない。

あまりにうるさいので追い散らしたが、すぐに戻ってきて、ずっと柿樹の上のなにものかへ吠えかかった。

やがて垣を潜《くぐ》って隣庭で吠え騒いでいたが、今度はそこの主人に追い立てられて、やっと静かになった。

今思えば、私たちの目には映らぬ幽界のものを見て、吠えていたのかも知れない。

◎**食を絶った犬**——「古今著聞集」巻第二十

北条朝時《ともとき》の家臣に、五代民部という者が居た。

民部は灰色の小犬を飼っていたのだが、この犬は、毎月十五、十八、二十七日の三日に限っては、魚肉を一切、口にしなかった。

怪しんだ人が、無理にでも喰わそうと口に押し付けてみたが、頑として食べなかった。

「十五日は阿弥陀如来の、十八日は観世音菩薩の縁日だ。ひょっとしたら、畜生の身でありながら、精進潔斎《しょうじんけっさい》の証に魚肉を避けているのかも知れぬ」

と民部は推断したが、それでも解せないのは、二十七日の意味である。

「何ゆえに、二十七日まで?」

と首をかしげていた民部は、やがて、はっと思い当たった。

まだ幼犬だったこの犬を飼い始めたのは、民部の子息に仕える小童《しょうどう》であった。その子はずっと以前に亡くなっていたのだが、その命日が二十七日であった。犬はそれを忘れていなかったものとみえる。

◎犬の変化《へんげ》――「西播怪談実記」巻二之十三

宝永年間（1704～1711）のこと。

夜になると、姫路の町中を白犬が徘徊したという。あそこの家ではあれを盗られた、向こうの家ではこれを喰われたといった類の風説が、三、四年もの間、流れ続けた。白犬が築地塀を易々と乗り越え、なんと屋根を伝い歩きしている姿を見かけたという者まで出る始末だった。

姫路本町には、蚊帳商が多かった。ある商家で、数人が集って夜更けまで蚊帳を縫っていると、奥の間の障子が外側からするすると開いた。不審に思った人が覗くと、白犬が佇んでいた。

「おい、あいつが噂の犬だぞ」

という声が上がり、部屋にいた者たちはそばにあった火吹き竹や割り木を手にして、白犬を追いかけまわした。白犬は、身をひるがえして近くの溝へ飛び込んだ。

が、その晩を限りに白犬の運が尽きたのか、溝から這い上がろうとするところを大勢に袋叩きにされ、とうとう打ち殺されてしまった。

皆は相談の上、白犬の死骸の首に縄をかけて三左衛門堀まで引きずって行くと、なるべく深い処を狙って、死骸を放りこんだ。

さて、皆で部屋へ戻り、煙管《きせる》で一服していると、首から縄を垂らした何物かがよたよたと歩いてきた。よく見れば、つい先刻、堀へ投げ込んだはずの白犬である。皆は夢中でいま一度撲殺し、まじないごとを唱えながら、堀まで引きずっていった。

「堀の水を飲んで生き返ったのかも知れない」

と考え、今度は堀へ放り込まずに、堀端にそのまま打ち捨てて帰宅した。

そして、その翌朝。

町は、

「堀の傍で、世にも珍しい犬の死骸が見つかった」

という噂でもちきりである。現場には、弥次馬もたくさん集まっているらしい。

そこで、昨夜の面々もそれを聞きつけ、様子を見に行った。

すると、例の犬の死骸は、なんと馬ほどの大きさに変化していた。元々どこの犬だったかはわからなかった。

ある人の言うことには、

「長生きした犬は変化《へんげ》のものとなり、からだの大きさを思うがままに変えられるそうな。あの犬もその類であろう。通力で白い子犬となって町々を徘徊していたが、死んで術が破れ、元の大きさに戻ったに違いない」

◎彼我の差――「新著聞集」巻第十四

助兵衛と市左衛門の二人は、主人の愛玩する犬を殺して、喰ってしまった。

すると、それから二日を過ぎた頃から、飯は器から地面へぶちまけて喰い、夜は寝間ではなく竈《かまど》の下で寝るようになった。

そして、屋敷の前を誰か通ると、犬の声で吠えかかった。

ほどなく助兵衛は狂死した。

市左衛門は、祈祷してもらった甲斐あって、旧に復したという。

◎怖ろしい女――「片仮名本 因果物語」中の十三

餌指《えさし》（鷹匠の部下で猟犬を飼養する）の処へ、ある者が犬の生き肝を買いに来た。交渉の結果、値が銀三枚に決まったので、その家の妻女が犬を裏へ曳いて行くと、犬が後ろを振り返って、

「怖ろしい女だ」

と呟いた。

これを聞いて、買い手は薄気味悪がって、買わずに逃げてしまった。

しばらくすると、その家の主が帰宅した。

女房がしきりに、

「今日は儲け損ねた」

と悔しがっている。仔細を訊くと、女房は事細かに話した。犬が人語を発したことなど意に介さず、客を逃したことばかりを愚痴っていた。

主人はひと通り聞いて、

「心底、怖ろしい女だ」

と言い残し、女房を捨てて行方をくらませてしまったという。

◎因縁の対決――「今昔物語集」巻第二十六第二十

今は昔、某の家には、十二、三歳の少女が召し使われていた。

また、隣家では白犬が飼われていたのだが、どうしたわけか、この犬が少女を目の敵にして、姿が目に入ると、激しく吠えかかった。一方、吠えられた少女も怯むでもなく、却って棒を手に犬を打とうとするので、人々は奇態なことだと噂していた。

やがて、少女が流行り病に罹った。症状は重かった。主人が自分を何処《どこ》か他所《よそ》へ移して療養させようとしているのを知って、少女は訴えた。

「ご主人様、私の新しい居場所をあの犬に知られないようにご配慮下さい。あいつは、私の側に他の人が居ても、お構いなしに吠えかかってきます。恐ろしい奴です。まして私が病気に罹って弱り、独りで寝ていると知ったら、これ幸いと襲って来るに違いありません」

もっともだと思った主人は、屋敷から遠く離れた某所へ密かに少女を移し、療養させた。そして、不安がる少女を、

「日に一、二度は、誰か人をよこして世話をさせるから、安心しなさい」

となだめてやった。

翌日、主人がさりげなく確かめてみると、例の犬は家の近所をうろつくばかりだった。これを見て、主人は、

「どうやら、あの子の行き先は知らぬようだ」

と安堵した。

ところが、その次の日、犬の姿が見えなくなった。

胸騒ぎがして、従者に少女の様子を見に行かせてみた。

少女の部屋へ入った従者は、そこで信じがたい光景を目にした。少女と犬は、互いに歯を剥き出し、相手の身体に喰いついたまま死んでいた。

どうやら両者の争いは、前世から続いていたものとみえる。

◎腹中から出たもの――「日本書紀」巻第六

垂仁天皇八十七年のこと。丹波国桑田村に住む甕襲《みかそ》は一匹の犬を飼っていた。名を足往《あゆき》といった。

ある日、この足往が、山で狸を喰い殺した。

すると、死骸の腹から勾玉《まがたま》が見つかった。

それゆえ献上して、今は石上《いそのかみ》神宮に収められている。

◎気の弱い疫神――「耳嚢」巻之四

栗原幸十郎という浪人の妻は、齢五十になろうとするのにいまだ疱瘡《ほうそう》に罹《かか》ったことがなかったので、世間で流行した折には、

「この歳で罹ると、きっと命取りになる」

と、びくびくしていた。

さて、ある時、近所の子どもが疱瘡に罹った。

が、幸いにも症状が軽くて済んだ。安堵した母親は、我が子に外の新鮮な空気を吸わせてやろうと散歩へ連れ出した。

と、そこへ幸十郎の妻が通りかかった。彼女もまた、その子の本復を喜び、抱いてあやしてやった。

ところが……。

その折、襟元に何やら寒気が走った。

そこで、早々にその子を母親へ返し、帰宅するとすぐに横になった。どうも体の調子がすぐれず、熱も出てきたような心地だった。

やがて、夢うつつとなって、ふと目を開けると、側には小さな老婆が居り、

「我は疱瘡神なり。此処に祭壇を設け、酒撰を供えるべし」

と告げるので、下僕に命じて、老婆の言う通りにさせた。

そうこうするうちに、日ごろから幸十郎が愛玩する狆《ちん》六、七匹がやって来た。老婆の姿を見るや、激しく吠えかかる。老婆はうろたえて、

「この犬どもをどこかへやってしまえ」

と言ったが、妻は、

「主人の可愛がっている犬たちゆえ、私の一存で追い払ったりは出来ないのです」

と言い返した。

そのやり取りの間も、犬たちは終始、老婆へ吠えていたので、その声に気圧されたのか、老婆は妻の側を離れ、屋敷の門口まで進んだかと思うと、姿がふっと見えなくなった。

と、その途端、妻の熱が下がり、体調は元に戻った。

しばらくして、幸十郎が外出先から戻って来た。妻から事の顚末《てんまつ》を聞いて大いに驚いたことは、言うまでもない。

◎ **錯誤の悲劇**――**「新著聞集」巻第十四**

丹後宮津に、「犬撃ちの久六」と呼ばれる男がいた。

ある日、男の許に仕事の依頼が来た。

「この辺りをうろついている二匹の野良犬を、早々に始末せよ」

というものだった。

その夜、久六は、ふと目を覚ました。台所の流しの側から、何ものかが水を呑む音が聞えてきたからである。例の野良犬であろう。

「向こうからおいでなさるとは、渡りに船だ」

と喜んで起き出し、そっと近づいて行って、月影に頭だけが浮かび上がって見えたところを、鼻捻棒《はなねじ》で打ち殺した。

が、それは野良犬ではなく、七歳になる自分の娘だった。夜中に喉が渇いて、台所で水を呑んでいたのだった。娘は頭をかち割られて、その場で即死したのだった。

◎**犬のくしゃみ――「今昔物語集」巻第二十六第十一**

今は昔、三河国に住む女が養蚕に勤《いそ》しんでいたが、ある時、どうしたわけか、飼っていた蚕《かいこ》が残らず死んでしまった。

そのような折、女は、桑の葉を旺盛に食する一匹の蚕を某所で見つけた。持ち帰って育ててみると、みるみるうちに大きくなった。

「一匹だけ飼っていても、これで生計が立つわけでなし……」

とも思ったが、しばらく世話をするうちに愛着も湧いたので、そのまま飼っておいた。

ある日のこと。

女が可愛がっていた白犬が、何を思ったか、女の目の前で例の蚕へ方へ走り寄るや、ぱくりと食べてしまった。女は驚き、怒りもしたが、蚕を呑んだ犬を腹いせに打ち殺すわけにもいかない。さりながら、大事な蚕を喰われてしまったのは、やはりくやしくて、

「蚕一匹、満足に飼い育てられないなんて、あたしはどこまで運が悪いんだ。情けない」

と泣きじゃくった。

犬はちんまり座って、そんな女の様子をきょとんしながら見つめていたが、やがて、おもむろにくしゃみをした。

すると、鼻の両穴から、白い糸が二筋、一寸ほど垂れ出て来た。

女が不思議に思って、糸を引いてみると、二筋ともずるずると出て来る。そこで、糸枠に巻きつけて引いていくと、みるみる枠がいっぱいになった。

そこで、次、また次……と巻き取っていったが、二、三百巻いても、まだ尽きない。

続いて、竹棹に渡してみたが、まだまだ行けそうである。

それならばと、今度は桶で巻いていくと、全部で四、五千両（一両は約四〇グラム）になった。

やがて、糸の末端が出たかと思うと。犬は倒れて死んでしまった。

女は、

「神仏が犬を用いてお助け下さったのだ」

と感涙に咽《むせ》び、犬は畑の桑の木の根元に丁重に埋葬してやった。

さて、多量の糸を前にして、

「たった一人で、これだけの嵩《かさ》の糸をどうやって紡げばよいものか」

と当惑していた折も折、女の処からしばらく足が遠のいていた夫が、ひょっこり訪ねて来た。事情を聞き、くだんの糸を確かめてみると、雪のように白い特上品である。夫は、

「神仏のご加護を享《う》けるような尊い女を、わしはいままで粗末に扱った。なんと罰当たりなことをしてきたのだ」

と深く反省し、その後は妻の許に留まり、仲睦まじく暮らした。

根元に犬を埋めた桑の木には、たくさんの蚕がついた。

その蚕の糸はこれまた上質で、やがて、この家の産する糸は、蔵人所《くろうどどころ》へ納められた。なんでも、天皇のお召し物を製するのに使われるらしい。人々は、

「糸がもたらされた奇瑞は、最初から、そのためだったのではないか」

と噂した。

◎土佐の狗神《いぬがみ》――「伽婢子」巻之十一

土佐の畑《はた》というところには、先祖代々、「狗神《いぬがみ》」を持つ家筋がある。

狗神持ち（狗神の主）が他所へ赴き、たまたまそこで目にした他人の持ち物を我が物にしたいと念ずると、さっそく狗神はその物の所持者に祟る。高熱が出て、胸や腹は鋭い錐《きり》で突かれるが如く、あるいは刀で斬られるが如く、猛烈に痛む。ここにきて所持者が狗神持ちを捜し出して、くだんの物品を差し出せばよし、万が一にも惜しんで渡さないことがあると、祟りは際限なく続き、果ては命を落としてしまう。

ある時、この国の殿様がこの恐ろしい所業を耳にして怒り、畑集落を垣で囲い、村人全員を焼き殺したことがあった。

が、その包囲網をかいくぐって生き延びた一族がいたらしく、その家がいまなお狗神を伝えているのである。

狗神筋の家の当主が亡くなる際には、それまで仕えていた狗神は、当主から嫡男へ乗り移る。米粒ほどの大きさの、白、黒、赤の斑《まだら》のある狗が、新しい主の懐へ飛び入るのだそうだ。そのさまは、そばに坐す者たちにも、はっきり見えるのだという。

ちなみに、狗神持ちに選択の余地はない。たとえ嫌だと思っても、狗神を拒むことは出来ないらしい。ある種、持病のようなものだ。

中国にも、似たような例がある。

金蚕《きんさん》という毒虫を操る一族だ。

彼らは、黄金、錦等の重宝に金蚕を憑け、道の左にわざと捨てておく。

事情を知らぬ者が嬉々としてそれらを家へ持ち帰ると、以降、その一家は金蚕にとり憑かれることになる。

金蚕はその名の通り、形は蚕そっくりで、金色を呈する。

新しい家にとり憑いた金蚕は、初めこそ二、三匹なのだが、次第次第に殖え、しまいには家がいっぱいになるほどの数に膨れ上がって、住人たちの健康を蝕む。殺しても殺しても湧いて出て来て、きりがない。

そして、拾って来た金銀等をはじめとして、その家の宝をすべて喰い尽くしたころになって、ようやく住人たちの病が癒え始めるのだという。

◎**妻の悲しい述懐**――「今昔物語集」巻第三十一第十五

今は昔、京に住む若い男が北山あたりで道に迷った。

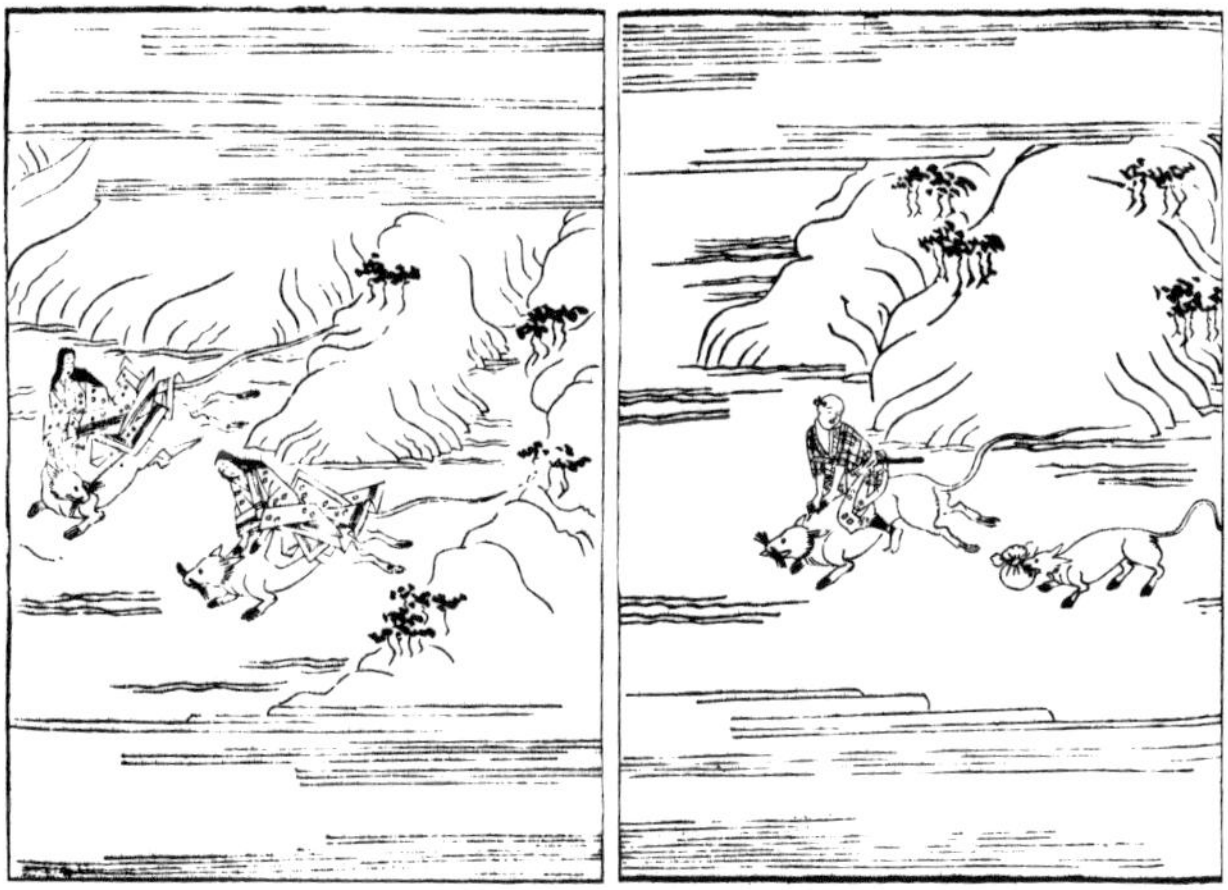

「伽婢子」より
〈土佐の狗神〉

日も暮れてきたので、不安に駆られながら彷徨《さまよ》い歩くうち、小さな庵が目に入った。男は、これぞ天の助けとばかりに急いで近づいて行って、案内を請うた。

中から出て来たのは、二十歳ほどの美しい女だった。女は当惑しながら言った。

「ここは、あなた様のような御方が来てよい処ではありません。それにもうすぐ夫が帰って参ります。あなたと一緒にいるところを見たら、きっと二人の仲を疑うでしょう。それは困るのです」

男はここ以外に行くあてがないので、懸命に食い下がった。

「そこを旦那様にうまくとりなして頂き、どうか今宵ひと晩だけ泊めて頂けないでしょうか。暗い山中で、他に行く処がないのです。お願い致します」

すると、女はこう答えた。

「仕方がありません。お泊めしましょう。夫が帰って来たら、『京に住む兄が道に迷った挙句、偶然にもここへ辿り着いた』と言っておきます。ただ、今宵ここで見聞きしたことは、京へお帰りになっても、決して他言なさらぬように……」

そして、男が、

「有難うございます。助かります。ご心配なさらずとも、ここでのことは誰にも申しませんので、ご安心下さい」

と約するのを聞いて、ようやく男を招き入れ、奥の一室に筵《むしろ》を敷いて、ここで寝間とするように促した。

男が坐すと、そこまで案内してくれた女が周囲を憚るように、小声で男にささやいた。

「よくお聞き下さい。私は、京の某に住まいする者の娘です。浅ましきものにさらわれてここへ連れて来られ、無理矢理に妻にされました。もうずいぶん長い年月、この庵で暮らしています。まもなく、そいつが帰って来ます。あなたもその姿をご覧になることでしょう」

こう言って女がさめざめと泣くうちに夜も更けたが、やがて戸外から、恐ろしい唸り声が聞えてきた。男は恐怖で身を固くした。

女ははっとして、慌てて迎えに出た。戸を開けて入って来たものを男が見やると、それは人間ではなく、威風堂々たる体躯の白犬だった。

犬は、

「なんと、あの女の夫とは、犬のことであったのか」

と驚く男を部屋の奥に認めると、唸り声を上げた。

すると、急いで女が駆け寄り、

「心配しないで。あれは私の兄です。長らく会いたいと思っていたところ、今日、ひょっこり訪ねて来てくれたのです。もう嬉しくて、嬉しくて……。だから、今宵ひと晩だけ泊めてあげて下さい」

と懇願した。

犬は納得したらしく、竈の前にどっかりと臥した。女は側《かたわら》に座って、苧《お》を紡いだ。

男は、女の出してくれた食事を平らげると、奥の一間《ひとま》で寝入った。聞えて来た物音から察するに、犬と女は同衾《どうきん》したようだった。

翌朝、朝の膳を運んで来てくれた女がささやいた。

「これを食べたら、すぐにここから去って下さい。くれぐれもここでのことは他言無用ですよ」

男は、

「はい、誰にも申しません。お世話になりました」

と言って、京へ帰った。

さて、無事に帰り着くや否や、男は女との約束を反故にして、庵での出来事を語り聞かせて歩いた。噂はどんどん広まった。

そのうち、血気盛んな若者の一団が気勢を上げた。

「白犬が人間の女を妻にして暮らしているとは、けしからん。どうだ、我々がその庵まで出向き、犬を射殺《いころ》して、女を救い出してやろうではないか」

彼らは更に仲間を呼び集め、手に手に弓矢や刀を携えて、庵に攻め寄せた。全部で二、三百人はいただろう。先頭に立って道案内をしたのは、例の男だった。

外で鬨《とき》の声が上がったのを聞きつけ、犬は庵から飛び出して来た。そして、軍勢の先頭に例の男がいることに気付くと、ぐっと睨みつけた。

それから庵に戻り、女を引っ立てて、山奥へ去って行った。飛ぶが如き速さだった。

皆は懸命に追いかけ、さんざんに射掛けたが、一矢も当たらなかった。

一同は、

「あれは、常の世のものとは思われぬ」

と畏《おそ》れ、追跡を断念して、京へ引き返した。

男は、帰宅するや病悩し、二、三日で頓死した。

犬と女の行方を知る者はなかった。近江国で見かけたとの噂も流れたが、真偽の程は不明である。

「法華寺守り犬」
奈良県

猪の章

亥《い》

平住専庵
「唐土訓蒙図彙」（1802）より
〈丁亥神将名張文通〉

◎左右が生死の分かれ目――「今昔物語集」巻第二十七第三十四

今は昔、某所に一人の男がいた。猟を生業として暮らしていた。その弟は、京で宮仕えをしていたが、時々は兄を訪ねて来て、互いに語らった。

九月下旬の闇夜のこと。

男が馬に乗り、照射《ともし》(松明を灯して林を照らし、潜んでいた鹿の目に光が反射したところ射て、仕留める猟法)で鹿を狙いつつ進んでいると、右側の林中から、己の名を呼ぶしわがれ声が聞える。怪しく思い、手に持っていた松明《たいまつ》を火串《ほぐし》に挟んで、馬を反転させて戻ると、声は止んだ。そこで松明を手にして戻ると、また謎の声が名を呼ぶ。その繰り返しであった。

男は声が聞えた際にその方角へ射掛けたかったが、その時には決まって右手が松明で塞がっているので、どうしようもない。

こんな怪事が幾晩も続いた。

数日して、弟が京から帰って来たので、思い切ってこの件を相談してみた。

弟は、

「不思議なこともあるものですね。試しに今夜は、私が兄上の代わりに出掛け、様子を確かめてきます」

と言い残すや、松明を持って馬で林へ赴いた。

しばらくすると、弟が帰って来た。兄が、

「どうであった？　声がしたであろう」

と訊ねると、弟が言った。

「はい、確かに。でも、少し妙でしたよ。私ではなく兄上の名前を呼ぶんです。相手が正真正銘の鬼神かあやかしであったなら、馬上にいるのは私だと見抜いて、ちゃんと私の名を呼ぶでしょう。それが出来ぬのですから、随分と間の抜けた輩です。ともあれ、このままには出来ません。明晩には化けの皮を剥いでやります」

弟は、翌晩も林へ出掛けた。

声はやはり、常に馬の右側からばかり聞える。左側からは呼びかけない。

そこで弟は、密かに鞍《くら》を外し、前後逆の向きにして乗せると、自分は後ろ向きにまたがって馬を進めた。

そして、矢をつがえて弓を引き絞り、進行方向に向かって右側から声がするのを待った。

やがて、右側から兄の名を呼ぶ声がした。

そこを狙って弟が素早く射ると、確かに手応えがあった。

念のため、一度馬から降りて、鞍を元に戻して進んでみたが、左側はもちろん右側からも、怪しい声がかかることはなかったので、そのまま家に帰った。

翌朝、兄弟揃って林へ行き、一帯を探索した。すると、大きな猪が一頭、樹木の幹に射つけられて死んでいた。

人間を化かして悦に入っていた挙句に、命を落としたのだった。

人々は、弟の知恵を褒めそやした。

◎因果応報の量《はか》り難さ――「日本霊異記」下巻序

昔、ひとりの僧が居て、山寺で座禅をして暮らしていた。

食事の際には、自分の食べ物をそこらの鳥にも頒《わ》けてやっていた。鳥たちもそれを知っていて、僧の食事時には毎日のように飛んで来て、おすそ分けをしてもらっていた。

ある日のこと。

食事を終えた僧は、無聊《ぶりょう》を慰《なぐさ》めるべく、転がっていた小石を手に取って、弄《もてあそ》んでいた。そして、何の気なしに小石を投げたところ、たまたま垣根の外にいた一羽の鳥の頭に命中した。鳥の頭は砕けて、たちまち絶命した。

その後、くだんの鳥は、猪へ転生した。棲んでいるのは、僧と同じ山である。

ある日、猪は、餌を捜して山寺の上の辺りまでやって来た。何か美味そうな物はないかと、鼻先で土石を漁った時、一つの石がはじかれて崖を転がり落ち、下に居た僧に当たったために、僧は予期せぬ最期を遂げた。

無論、猪が前世の恨みを晴らそうとして、わざと石を落としたのではない。本当に偶然に転がり落ちた石のせいで、僧は死んでしまったのである。

無意識のうちに罪を犯すと、その報いも気付かぬうちにやって来るのだ。

◎**源為朝と大猪**――**「椿説弓張月」巻之五第二十六回**

横殴りの吹雪の中を源為朝《ためとも》が進んで行くと、放し飼いの馬のいななきが聞えて来た。何かに怯えているようだ。声のした方を見ると、薄暗い野原の向こうから、雪を蹴立てて突進してくるものがある。背に矢を突き立てたままで、狂ったように駆けて来る大猪であった。

大猪は、為朝に気付くや、小薙刀《こなぎなた》を並べたような鋭い牙を噛み鳴らし、針のような毛を逆立て、鼻息荒く、真っ直ぐに為朝へ向かって突っ込んで来た。

為朝がひらりと体《たい》をかわすと、行き過ぎた大猪はますます怒って反転し、二度目の突進を試みた。

為朝は、素早く足を上げ、大猪の脇腹をどっと蹴った。そして、少し怯んだ大猪の身体を傍らの岩へ押し付け、力任せに足で踏みにじった。

こうなると、さしもの大猪も抗えず、苦悶の一声を上げたかと思うと、息絶えてしまった。

◎地名譚四題――「播磨国風土記」

応神天皇がこの山で狩りをした時、逃げ回る猪を槻弓《つきゆみ》で以て射止めようとしたところ、弓が折れてしまった。それ故に、この地を槻折山《つきをれやま》という。（揖保《いぼ》郡の条）

この地で応神天皇が狩りをした時、この地に夥《おびただ》しい数の猪や鹿をここへ約《せ》き出して（追い込んで）、殺した。それ故、この地を勢賀《せか》という。また、その殺戮は星が出るまで続いたので、辺りの山は、星肆《ほしくら》と名づけられた。（神前《かんざき》郡の条）

かつて、応神天皇の猟犬が猪を追って、この岡を駆け上がった。

天皇がそれを見て、周囲の者に、

「椿説弓張月」第二十六回の〈為朝と大猪〉

「射よ」

と命じた。

それ故、ここを伊夜岡《いやをか》という。

ちなみに、その犬は、猪と闘って死んだので、墓を作って葬ってやった。

だから、この岡の西には、犬の墓がある。(託賀《たか》郡の条)

この土地で、天皇の猟犬が猪と闘った時、犬は相手に目を打ち割られた。

それ故、ここを目割《まさき》、すなわちき目前田《まさきだ》という。(託賀郡の条)

◎**たばかられた僧**——「**今昔物語集**」**巻第二十第十三**
今は昔、愛宕護山《あたごやま》に、長らく仏道に帰依する聖《ひじり》が住んでいた。

法華経を信奉してやまなかったが、僧坊に閉じ籠りがちで無学無知であった。

とはいえ、まがりなりにも聖であったから、この山の西に住む猟師某は、この聖を日ごろから尊んでいた。

さて、ある時、聖が、訪ね来た某に言った。

「最近、わしの身には、尊いことが起きているのじゃよ。長年、法華経を信奉してきたお蔭から、実は、最近、毎晩のように普賢《ふげん》菩薩様がお姿をお見せになるのじゃ。どうかね。今宵、お前さんもここへ泊って、その有り難いお姿をわしと一緒に拝見せぬか」

驚いた猟師が、聖に仕える小童に訊ねてみると、彼も五、六度、お姿を拝んだことがあるという。

「こんな幼い子にでも見えるのなら、ひょっとすると、わしのような卑しき者の目にも、ちゃんと見えるのかも知れん」

と猟師は喜び、その夜は、寝入ることなく、聖の後ろに座ったまま、共に普賢菩薩の出現を待った。

さて、夜半を過ぎたと思われるころ、突如、東の峯の方が白々と明るくなったかと思うと、一陣の風が辺りを吹き払った。僧坊の中も、月光が差し込んだように、明るくなった。

見れば、白象に乗った普賢菩薩が空から降りて来られる。実に尊いお姿である。

近づいてきた菩薩は、やがて僧坊の正面にお立ちになった。

聖は、随喜の涙を流して礼拝し、後に控える猟師に、

「どうじゃ、そなたの目にも、ちゃんと見えておろうが?」

と訊ねるので、猟師は、

「はい、見えております。誠に有難くも尊いことです」

と答えた。

しかし、そう言いつつも、猟師の胸中には疑念が蟠《わだかま》っていた。

「聖様は、長年、法華経を信奉しておられるのだから、菩薩様のお姿が見えなさって当然であろう。けれども、ここの小童や俺のように、お経のことをろくすっぽ知らぬ者にまで、お姿が見えるというのは、どうもおかしい。怪しい。よし、あれが真の仏様なのかどうか、ひとつ確かめてみよう。信心から出た行いだから、罪にはなるまい」

そこで、猟師はとがり矢を弓につがえ、聖がひれ伏している頭越しに、菩薩を射た。

矢は、菩薩の胸に命中した。

その途端、灯火を吹き消したように辺りが真っ暗になり、何者かが地響きを立てて谷の方へ逃げ去る音がした。

聖は、

「お前という奴は、なんということをしでかしてくれたのじゃ」

と怒り狂ったが、猟師は自分の考えを話してなだめすかし、翌朝、菩薩が立っていた場所を見に行くと、おびただしい血が残っていた。

そこで、血の跡を辿って山中へ分け入ると、一町ほど下った谷底で、大きな猪の死骸を見つけた。昨夜射たとがり矢が、胸から背へ突き通っていた。

これを見て、昨晩以来の聖の悲嘆は、やっと収まった。

◎**火牛の計ならずして**――**「南総里見八犬伝」第九輯巻之三十九第百六十五回**

軍勢の中央は犬塚信乃《いぬづかしの》、副将は真間井秋季《ままのいあきすえ》で、これに従う雄兵は一千五百余名。野猪《いのしし》二十五頭を曳いていた。

左右の二隊《ふたて》は、犬飼現八《いぬかいげんぱち》、副将は継橋喬梁《つぎはしたかやな》、並びに杉倉直元《なおもと》と田税逸友《たちからはやとも》の両将であった。二隊の雄兵三千余名を分けて、一千五百名ずつを従えていた。野猪は二十頭ずつ、皆、松明を牙に結びつけていた。

こうして二犬士両隊長は、三面に立ち分かれ、各々一千五百の兵を前後左右に従えて、松明をつけた野猪を先頭に曳かせた。

そして、木々の間に張り渡してあった幔幕《まんまく》を一気に斬り落とさせると、岡の麓《ふもと》の敵陣めがけて、火猪《かちょ》を放った。猪たちは数万の敵軍へ猛然と突っ込み、前線に配されていた戦車の下を潜って、また走り出た。その折に、松明の火は瞬く間に燃え移り、前線の戦車隊はみるみる燃え上がった。

◎軟弱な家臣——「日本書紀」雄略天皇五年春二月条

天皇が葛城山で狩りをしてると、霊鳥が現れた。

大きさは雀くらいで、尾は長く、地面まで垂れていた。

この鳥は、おもむろに、

「ゆめゆめ（油断するまいぞ）」

と鳴いた。

その途端、叢《くさむら》から、気の立った猪が飛び出して来て、狩人たちへ襲い掛かった。

天皇は、舎人《とねり》に射るように命じたが、舎人は恐れおののいて我を失い、木の上へ逃げ登ってしまった。

猪は、そのまま天皇の処まで突進し、噛みつこうとした。

天皇はこれを弓で突き留め、足を上げて、その場で踏み殺した。

さて、狩りが済んだ後、天皇は、けしからぬ例の舎人を斬り殺そうとした。

すると、舎人は、こう詠《よ》んだ。
　やすみしし　我が大君《おほきみ》の　あそばしし
　猪《しし》の怒声《うたき》畏《かしこ》み
　我が逃げ縁《のぼ》りし　在丘《ありを》の上の
　榛《はり》が枝《えだ》　あせを
（大君が狩られた猪の唸り声に怖気づいて、私が逃げ登った、峯の上の榛の木の枝よ、嗚呼）
これを聞いた皇后は心動かされ、天皇を諫《いさ》めた。
天皇が、
「お前は、どうしてこの舎人の肩を持つのだ」
と訊ねると、皇后は答えた。
「国の民たちは『あの帝は、猪狩りを好む残酷なご気性だ』と噂している由。今ここで舎人を殺せば、『やはり、狼にも等しい暴君だ』と言われかねません。それでも宜しいか」
そこで、天皇は、皇后と車に乗って宮へ戻った。沿道の民たちが、
「万歳」
と声を上げるのを聞き、天皇は言った。

「楽しきことだ。狩に出掛けると、並の者は禽獣を得て帰宅するが、私は言祝《ことほ》ぎを得て、宮へ戻って来れた」

◎青い怪光の正体――「今昔物語集」巻第二十七第三十五

今は昔、とある兄弟が、亡くなった母の遺骸を棺《ひつぎ》に納めて、離れの一間《ひとま》に安置し、数日後の葬儀に備えていた。

すると、ある人が、

「真夜中になると、離れに怪しい光がちらついているぞ。気をつけた方がいいぞ」

と知らせてくれた。

兄弟は、

「遺骸を狙う妖鬼の類かも知れぬ。なにがなんでも、正体を暴いてやらねば」

と計略を練った。

夜になると、弟は、棺の蓋を裏返しにして、己は頭髪をざんばらにして、裸になってその上へ仰向けに寝そべった。刀を身にぴたりと引きつけて抱いていた。

夜半過ぎ、薄目を開けて見ると、天井で光が二度ほど明滅した。そして、天井板がこじ開けられ、大きな何者かが下がって降りて来る気配がする。やがて、その者は、どさりと鈍い音を立てて床へ降り立ち、棺へ近づいて来た。その間ずっと、総身から青い光を放っていた。

その者が蓋を脇へ取り除けようとするや、弟は勇気を振り絞ってその者の胴体と思しき処へしがみついて、隠し持っていた刀でずぶりと深く刺し貫いた。その瞬間、青い光はかき消えた。

「よし、やったぞ」

という弟の叫び声を聞いて、間髪を入れず、助太刀の兄が灯りを持って飛んで来た。

二人して見れば、弟の抱きついていたのは、毛も禿げた大猪だった。横腹に刀を突き立てられて、息絶えていた。

◎**猪の性質**――**「和漢三才図会」巻第三十八**

野猪《いのしし》は、怒ると、背中の毛が逆立って針のようになる。頸《くび》は短く、左右を顧みることは出来ない。鋭い牙で、どんなものでも破砕してしまう。

猟師のせいで手負いとなり、逃げ去る最中であっても、仮に誰かが、

「勝負の途中で逃げるのか、卑怯者め」

と誹《そし》ろうものなら、激昂《げきこう》してすぐさま引き返して来て、もうひと勝負挑んでくる。

このため、しばしば勇猛な兵士に擬せられる。

ただ、鼻と腋《わき》を傷つけられると、倒れて死ぬという。

◎**大猪を刺す——「曾我物語」巻第八**

狩場に、上の峰から、突如、巨大な猪が駆け下ってきた。

何処で誰に射られたのかはわからぬが、背中に二本の矢が突き立ったままで、怒り狂って源頼朝《よりとも》公の御前目掛けて突進した。

この時、伺候していた仁田四郎忠常《にったのしろうただつね》は馬にまたがり、矢を弓につがえて駆け出そうとしたが、大猪があまりにも速く近づいて来たので、弓矢は措き、取り急ぎ馬を坂の上へと走らせた。

一方、大猪は坂を猛然と下ってくる。

こうなっては避ける余裕もない。

忠常は仕方なく、すれ違いざま、馬の背から大猪の背へぱっと飛び移った。つまり、大猪に後ろ向きに乗った恰好である。猪は馬と違って、当然、手綱はない。それ故、猪の尾を手綱代わりにして巧みに引き操った。

しかし、この間、大猪は三町ほど走り進み、頼朝公の御前はすぐそこであった。

忠常は腰刀を抜き、胴体を五、六度、突き刺した。大猪は腹這いに地面へ臥し、やっと止まった。そして、息絶えた。

忠常はといえば、大猪が力尽きて突っ伏す直前に、傍らの倒木の上へ飛び退いていて、無傷だった。

これを見ていた頼朝公や他の武将たちは、忠常の武勇に讃嘆《さんたん》して、どよめいた。

◎霊猪現る――「水鏡」下巻 称徳天皇条

神護景雲三年（769）七月、

「道鏡《どうきょう》が皇位に就けば、この国は安泰になる」

という偽りの託宣《たくせん》が宇佐八幡から都へもたらされると、道鏡は狂喜した。

ところが、同じ頃、八幡神が、

「この国では、臣下が天皇に即位したためしはない。皇位を狙うよこしまな輩《やから》は、即刻、排除すべし」

と称徳天皇に夢告したので、道鏡は激怒し、天皇を説き伏せて宇佐八幡へ使者を派遣した。

八幡神の真意を確かめるためであった。遣《つか》わされたのは、和気清麻呂《わけのきよまろ》であった。

清麻呂が改めて八幡神にお伺いを立てたところ、下された託宣の内容は、称徳天皇の夢告と同じであった。

そこで、清麻呂は奏上した。

「事の重大さを鑑みますと、ご託宣だけでは心もとなく存じます。誠に畏《おそ》れ多きことながら、さらなる効験を頂戴出来ないものでしょうか」

清麻呂が一心に祈念すると、にわかに八幡神が顕現なされた。身の丈は三丈ほどで、満月の如く、まばゆい光を放っておられた。

清麻呂は恐懼のあまり、そのお姿をまともに拝することが出来なかった。

八幡神から、重ねてお告げがあった。

「道鏡は、他の神々の歓心を買うような幣帛《へいはく》を奉じて機嫌をとり、世を乱そうとしておる。これは国体の危機ぞ。私は大いに憂えておるのだ。こうなれば、御仏のお力を仰いで、帝を救って頂くほかあるまい。直ちに一切経の写経と造仏に努め、最勝王経一万巻を読誦し、伽藍《がらん》をうち建てよ。悪心を抱く者を除いて下さるようにお願いするのじゃ。いま申し渡したことは、ひとつ残らず遵守《じゅんしゅ》せよ」

清麻呂は急ぎ帰京し、この旨を報告した。

怒り狂った道鏡は、清麻呂の官位を剥奪し、膝裏の腱を断ち切った上で、大隅国へ流した。清麻呂は悲嘆に暮れながらかの地へ向かったが、途中、宇佐八幡へ立ち寄ろうとしたところ、三万余頭の霊猪が何処からともなく現れて、輿の左右に並び連なって歩き、十里ほどの間、護衛を務め、山中へ走り去って行った。

おかげで清麻呂は、無事に宇佐八幡へ至り着いた。

そして、熱心に祈りを捧げたところ、奇瑞《きずい》により、脚の腱が元に戻って、正常に歩けるようになった。

◎動く墓――「今昔物語集」巻第二十七第三十六

今は昔、西国から上京する飛脚の男が、播磨国印南野《いなみの》にさしかかった頃、日が暮れてしまった。人家も宿も見当たらず、困り果ててきょろきょろしていると、田の番人の粗末な小屋が目に入った。ちょうど無人だったので中へ入り、ここで一夜を明かすことにした。

夜更けになると、西の方から、大勢の者たちが松明の火を頼りに、鉦を叩き念佛を唱えながら、ゆっくり近づいて来た。どうやら葬列らしい。一行が小屋のすぐ傍まで来たので、中の男は薄気味悪くて、ただじっとしていた。

人々は、少し離れたところに穴を掘り、棺を埋めた。

それにしても奇妙だった。誰かをそこへ埋葬するという場合、普通は、そこへ事前に供え物を置いたりするからそれとわかるのに、今日の夕方に男が通った時には、どこにもそんな形跡はなかったのだ。

ともあれ、大勢の人々がその前に立ち並び、僧が読経して、やがて葬儀は終わった。

すると、今度は、鋤《すき》や鍬《くわ》を持った下人たちがどこからともなく、がやがやとやって来て、土を盛ってこんもりとした墓を築き、卒塔婆を立てた。そして、皆は一斉に去って行った。

男は恐ろしいことこの上なく、一刻も早く夜が明けないかと、それればかり願っていた。

が、怖い怖いと思いながらも、なぜかついつい墓の方を見てしまう。

そうこうするうち、墓の盛り土の上の方が少し動いたように見えた。

「そんなはずはない。気のせいだ、気のせいだ」

と自分に言い聞かせながらいま一度見やると、やはり土くれが蠢《うごめ》いている。

と思う間に、土中から、裸の大男が這いずり出て来た。

それればかりか、驚いたことに、男のいる小屋の方へまっしぐらに走り寄ってくるではないか。

男は思った。

「あれは、死者を喰う鬼かなにかだろう。こんな狭い小屋の中に居たら、逃げ場もなく、確実に殺されてしまう。こうなったら、一か八かだ。こちらから出て行って、先に斬ってやろう」

男は決死の覚悟で外へ躍り出て、己から鬼へ走り向かい、刀で斬りつけた。

斬られた鬼がのけぞって、仰向けに倒れたのを尻目に、男は一目散に逃げ出した。

やがて人里に至り、民家を見つけたので、その門内に身を隠して、朝が来るのを待った。

夜が明けてから、起き出してきた村人に昨夜の出来事を話すと、人々は真偽を確かめるべく、その場所へ出掛けていった。

ところが、男の言う辺りには、新墓《にいはか》も卒塔婆もない。

そこにあったのは、斬り殺された大猪の死骸だけだった。

こうした訳だから、野中の小屋に不用意に少人数で泊まるようなことは避けねばならない。

どんな怪異に見舞われるか知れないからだ。

「夫婦猪」
名古屋土人形／愛知県

出典一覧（書名の五十音順）

「狗張子《いぬはりこ》」仮名草子。浅井了意《あさいりょうい》著。元禄五年（1692）刊。

「宇治拾遺物語《うじしゅういものがたり》」説話集。編者未詳。十三世紀半ごろ成立か。

「江戸名所図会《えどめいしょずえ》」名所図会。斉藤長秋《ちょうしゅう》・莞斎《かんさい》・月岑《げっしん》著。天保年間の刊。

「翁草《おきなぐさ》」随筆。神沢杜口《とこう》著。寛政三年（1791）成立。

「伽婢子《おとぎぼうこ》」仮名草子。浅井了意著。寛文六年（1666）刊。

「怪談御伽猿《かいだんおとぎざる》」浮世草子。大江文坡《おおえぶんば》著。江戸中期成立。

「片仮名本《かたかなぼん》 因果物語《いんがものがたり》」仮名草子。義雲《ぎうん》・雲歩《うんぽ》編。寛文元年（1661）刊。

「甲子夜話《かっしやわ》」随筆。松浦静山《まつらせいざん》著。江戸後期成立。

「奇異雑談集《きいぞうだんしゅう》」説話集。編著者未詳。貞享四年（1687）刊。

「笈埃随筆《きゅうあいずいひつ》」随筆。百井塘雨《ももいとうう》著。江戸後期成立。

「宮川舎漫筆《きゅうせんしゃまんぴつ》」随筆。宮川政運《みやがわまさやす》著。文久二年（1862）刊。

「奇遊談《きゆうだん》」随筆。川口好和《かわぐちこうわ》著。寛政十一年（1799）刊。

「近古史談《きんこしだん》」歴史書。大槻磐渓《おおつきばんけい》著。元治元年（1864）刊。

「古今著聞集《ここんちょもんじゅう》」説話集。橘成季編。建長六年（1254）成立。

「古事記《こじき》」歴史書。太安万侶《おおのやすまろ》撰録。和銅五年（712）完成。

「古事談《こじだん》」説話集。源顕兼《あきかね》編。十三世紀初頭成立。

「今昔物語集《こんじゃくものがたりしゅう》」説話集。作者未詳。平安時代末期の成立か。

「篠舎漫筆《ささのやまんぴつ》」随筆。西田直養《にしだなおかい》著。天保年間の成立か。

「猿著聞集《さるちょもんじゅう》」読本。岳亭定岡《がくていていこう》著。文政十一年（1828）刊。

「十訓抄《じっきんしょう》」説話集。著者未詳。建長四年（1252）成立。

「信濃奇談《しなのきだん》」地誌。堀内元鎧《ほりうちげんがい》著。文政一二年（1829）父・中村元恒の序あり。

「沙石集《しゃせきしゅう》」説話集。無住《むじゅう》著。十巻。弘安六年（1283）脱稿。

「想山著聞奇集《しょうざんちょもんきしゅう》」随筆。三好想山《みよししょうざん》著。嘉永三年（1850）刊。

「諸国里人談《しょこくりじんだん》」随筆。菊岡沾涼《せんりょう》著。江戸中期成立。

「新説百物語《しんせつひゃくものがたり》」物語集。小幡宗左衛門《おばたそうざえもん》著。明和四年（1767）刊。

「新著聞集《しんちょもんじゅう》」説話集。神谷養勇軒《かみやようゆうけん》著。寛延二年（1749）。

「静軒痴談《せいけんちだん》」随筆。寺門静軒《てらかどせいけん》著。江戸後期成立。

「西播怪談実記《せいばんかいだんじっき》」読本。春名忠成《はるなただなり》著。江戸中期成立。

「西遊記《せいゆうき》」旅行記・随筆。橘南谿《たちばななんけい》著。十八世紀末の刊。

「曾我物語《そがものがたり》」軍記物語。著者未詳。原型は鎌倉時代に成立か。

「続古事談《ぞくこじだん》」説話集。編者未詳。十三世紀初頭成立。

「即事考《そくじこう》」随筆。竹尾覚斎《たけおかくさい》著。文政四年（1821）の叙あり。

「太平記《たいへいき》」軍記物語。作者未詳。十四世紀の終わりごろ成立か。

「谷の響《たにのひびき》」随筆。平尾魯僊《ひらおろせん》著。万延元年（1860）成稿。

「玉櫛笥《たまくしげ》」浮世草子。林義端《はやしぎたん》著。元禄八年（1695）刊。

「譚海《たんかい》」随筆。津村正恭《つむらまさゆき》著。寛政七年（1795）の自序あり。

「注好選《ちゅうこうせん》」説話集。編者未詳。十二世紀半までには成立。

「中陵漫録《ちゅうりょうまんろく》」随筆。佐藤成裕《さとうしげひろ》著。江戸後期成立。

「椿説弓張月《ちんせつゆみはりづき》」読本。曲亭馬琴《きょくていばきん》作。十九世紀初頭の刊。

「東海道四谷怪談《とうかいどうよつやかいだん》」歌舞伎脚本。鶴屋南北《つるやなんぼく》作。文政八年（1825）江戸中村座にて初演。

「道聴塗説《どうちょうとせつ》」随筆。大郷信斉《おおさとしんさい》著。江戸後期成立。

「東遊記《とうゆうき》」旅行記・随筆。橘南谿《たちばななんけい》著。十八世紀末の刊。

「兎園小説《とえんしょうせつ》」随筆。滝沢馬琴《たきざわばきん》編。文政八年（1825）の兎園会を記録。

「兎園小説外集《とえんしょうせつがいしゅう》」随筆。滝沢馬琴編。文政九年（1826）の兎園会を記録。

「俊頼髄脳《としよりずいのう》」歌学書。源俊頼著。十二世紀初頭成立。

「南総里見八犬伝《なんそうさとみはっけんでん》」読本。曲亭馬琴作。天保十二年（1841）完結。

「日本書紀《にほんしょき》」歴史書。舎人親王《とねりしんのう》ら撰。養老四年（720）完成。

「日本霊異記《にほんりょういき》」仏教説話集。景戒《けいかい》著。弘仁年間（810～824）成立。

「播磨国風土記《はりまのくにふどき》」地誌。編纂者未詳。霊亀元年(715)以前の撰進か。

「常陸国風土記《ひたちのくにふどき》」地誌。編纂者未詳。養老五年(721)成立。

「平仮名本《ひらがなぼん》 因果物語《いんがものがたり》」仮名草子。鈴木正三《すずきしょうさん》の門人編。寛文元年(1661)年以前の刊か。

「平家物語《へいけものがたり》」軍記物語。作者未詳。鎌倉時代の成立か。

「宝物集《ほうぶつしゅう》」説話集。平康頼著。治承年間(1177~1181)の成立。

「北越奇談《ほくえつきだん》」随筆。橘崑崙《たちばなこんろん》。文化九年(1812)刊。

「本朝怪談故事《ほんちょうかいだんこじ》」説話集。厚誉《こうよ》著。正徳六年(1716)刊。

「水鏡《みずかがみ》」歴史物語。著者未詳。十二世紀末ごろの成立。

「耳嚢《みみぶくろ》」随筆。根岸鎮衛《ねぎしやすもり》著。江戸後期成立。

「和漢三才図会《わかんさんさいずえ》」類書(百科事典)。寺島良安《てらじまりょうあん》著。正徳二年(1712)の自序あり。

以上

おわりに

宇宙船が遠い星の石を持ち帰り、潜水艇が海溝の底を浚《さら》える時代になってもなお、世界は不思議に充ちている。

いつの世も、怖いものは怖いし、怪異の種は尽きない。

十二支の生きものたちは、これからも十二様の妖《あや》しさで我々を震え上がらせてくれるはずだ。

皆様、どうか、お覚悟の程を。

上方文化評論家　福井栄一

著者紹介

福井栄一［ふくい・えいいち］

上方文化評論家。一九六六年、大阪府吹田市生まれ。京都大学法学部卒。京都大学大学院法学研究科修了。法学修士。四條畷学園大学看護学部客員教授、京都ノートルダム女子大学国際言語文化学部非常勤講師、関西大学社会学部非常勤講師。朝日関西スクエア・大阪京大クラブ会員。上方の芸能や歴史文化に関する講演、評論、テレビ・ラジオ出演など多数。剣道二段。著作は、『十二支外伝』『解體珍書』『蟲虫双紙』『幻談水族巻』『本草奇説』『鳥禽秘抄』（以上工作舎）、『名作古典にでてくるさかなの不思議なむかしばなし』（汐文社）、『現代語訳 近江の説話』（サンライズ出版）、『説話と奇談でめぐる奈良』（朱鷺書房）、『大山鳴動してネズミ100匹』をはじめとする十二支シリーズ（技報堂出版）、『説話をつれて京都古典漫歩』（京都書房）、『増補版 上方学』（朝日新聞出版）、『おはなしで身につく四字熟語』（毎日新聞社）、『子どもが夢中になる「ことわざ」のお話100』（PHP研究所）、『古典とあそぼう』シリーズ（子どもの未来社）、『しんとく丸の栄光と悲惨』（批評社）、『おもしろ日本古典ばなし115』（子どもの未来社）、『にんげん百物語 誰も知らない からだの不思議』（技報堂出版）、『小野小町は舞う 古典文学・芸能に遊ぶ妖蝶』（東方出版）、『鬼・雷神・陰陽師 古典芸能でよみとく闇の世界』（PHP研究所）等、四十冊以上におよぶ。　http://www7a.biglobe.ne.jp/~getsuei99

十二支妖異譚《じゅうにしよういたん》

発行日――二〇二〇年一一月三〇日初版　二〇二三年八月三〇日第二刷

著者（編・現代語訳）――福井栄一

編集――米澤敬

エディトリアル・デザイン――佐藤ちひろ

印刷・製本――シナノ印刷株式会社

発行者――岡田澄江

発行――工作舎　editorial corporation for human becoming

〒169-0072　東京都新宿区大久保2-4-12　新宿ラムダックスビル12F

phone : 03-5155-8940　fax : 03-5155-8941

URL : www.kousakusha.co.jp

e-mail : saturn@kousakusha.co.jp

ISBN978-4-87502-522-1

日本の伝統に映る自然 ◉ 工作舎の本

江戸博物文庫

花草の巻

工作舎 編

江戸期植物図鑑の最高傑作『本草図譜』から紹介。日本ならではの美意識が宿る斬新な構図の草や可憐な花の絵は、さながら「江戸のボタニカル・アート」。

●B6判変型上製●192頁
●定価 本体1600円＋税

江戸博物文庫

菜樹の巻

工作舎 編

江戸期植物図鑑の最高傑作『本草図譜』後半から紹介。「食」をめぐる好奇心が生んだ、食べられる植物の傑作図集。原産地や薬効も説明。

●B6判変型上製●192頁
●定価 本体1600円＋税

江戸博物文庫

鳥の巻

工作舎 編

江戸を代表する14篇の鳥類図譜から紹介。身近な鳥はもちろん、異国の鳥や空想の鳥まで色鮮やかに描かれた様は、まさに「翼を持った宝石」。

●B6判変型上製●192頁
●定価 本体1600円＋税

江戸博物文庫

魚の巻

工作舎 編

江戸期の彩色魚類図版から紹介。恵みの場所であり異界でもある水面下に棲まう魚たちが、その色と形で想像力を刺激する。食材としての魅力も解説。

●B6判変型上製●192頁
●定価 本体1600円＋税

しめかざり

森須磨子

全国を訪ねた著者が、飾りを外した藁の造形の美しさを、写真とともに紹介。百年変わらないその姿に込められた、土地の祈りと人々の願いを読み解く。

●A5判上製●200頁
●定価 本体2500円＋税

怪奇鳥獣図巻

伊藤清司 監修・解説
磯部祥子 翻刻

古代中国の博物誌『山海経』からの引用を中心に、江戸の無名の絵師によって描かれた異様異体の妖怪が登場する極彩色絵巻物。オールカラー。

●A5変型上製●152頁
●定価 本体3200円＋税

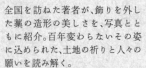